CARRÉS CLASSIQUES

Collection COLLÈGE dirigée par
Cécile de Cazanove
Agrégée de Lettres modernes

Victor Hugo

Cosette, une enfance malheureuse

Les Misérables

1862
Anthologie

Édition présentée par
Annie Le Fustec
Agrégée de Lettres classiques

Nathan

Sommaire

Avant la lecture

Lire Cosette, une enfance malheureuse

ISBN : 978-2-09-188543-8

Après la lecture

Autre lecture

Dossier central images en couleurs

Costumes pour les différents personnages des Misérables, dessin, Bibliothèque des Arts décoratifs, Paris.

Avant la lecture

Qui êtes-vous, Monsieur Victor Hugo ?

Avez-vous eu une enfance heureuse ?

De ma naissance à Besançon en 1802, jusqu'à notre installation à Paris en 1809, ma famille déménage fréquemment : mon père est général sous Napoléon Ier. Souvent absent, il ne s'entend pas bien avec ma mère et ils se séparent officiellement en 1812.

Comment êtes-vous devenu écrivain ?

Je participe très jeune à des concours de poésie. Le roi m'accorde une pension qui me permet de me consacrer à l'écriture. Je fréquente Chateaubriand et Vigny, déjà célèbres, et dès 1827, je suis le chef de file des artistes qu'on appellera « romantiques ». Nous combattons contre les règles de l'art classique du XVIIe siècle, au nom de la liberté et de la modernité. Ma pièce *Hernani* (1830) déclenche à la Comédie-Française une « bataille » célèbre. Finalement, le romantisme triomphe et en 1841, je suis élu à l'Académie française.

« En 1841, je suis élu à l'Académie française. »

Participez-vous à la vie politique de votre temps ?

Oui, je me suis très jeune impliqué dans les débats idéologiques. D'abord royaliste, comme ma mère, je soutiens la Restauration. Mais, peu à peu, je deviens libéral et progressiste. Je prends conscience de la misère, des inégalités sociales, et je me bats contre la peine de mort, pour l'éducation, la justice et la liberté. Je le fais dans mes œuvres, comme *Le Dernier Jour d'un condamné*, *Claude Gueux*, *Ruy Blas*, et bien sûr dans *Les Misérables*. Je commence la rédaction du roman en 1845 et j'y travaille activement pendant trois ans. Ensuite, je suis élu à la Chambre des députés et au Sénat et mes activités politiques m'empêchent de finir cette œuvre.

Vous passez de longues années en exil. Pourquoi ?

Épris de liberté, je suis révolté par le coup d'État antirépublicain et sanglant de 1851 et je refuse de rentrer en France aussi longtemps que Napoléon III y exercera le pouvoir. Je combats le Second Empire depuis Jersey et Guernesey, en publiant le recueil poétique *Les Châtiments* (1852). Pendant cet exil, paraissent aussi *Les Contemplations* (1856), *La Légende des siècles* (1859), et d'autres romans : *Les Travailleurs de la mer* (1866), *L'Homme qui rit* (1869). Je réfléchis à la suite des *Misérables*. Ce n'est qu'en 1860 que je reprends l'écriture de ce roman, qui est publié en 1862.

Que s'est-il passé d'important dans votre vie personnelle ?

J'ai eu quatre enfants avec mon épouse Adèle Fouché. L'aînée, Léopoldine, s'est noyée avec son jeune mari en 1843; j'ai eu beaucoup de mal à surmonter cette tragédie. J'ai aussi partagé cinquante ans de ma vie avec Juliette Drouet, maîtresse aimante et fidèle.

« Je prends conscience de la misère. »

Au retour d'exil, j'ai perdu mes fils, et ma dernière fille a sombré dans la folie. La présence de mes deux petits-enfants me console un peu de ces chagrins : je ne me lasse pas de les voir, de les écouter et de les gâter... ■

Victor Hugo est mort en 1885. Ses obsèques nationales à Paris ont rassemblé plus d'un million de personnes.

La France au temps de Victor Hugo

◆ Le siècle des révolutions

Victor Hugo a connu six régimes politiques. En 1804, **Napoléon Ier** est sacré empereur. Après la défaite de Waterloo, en 1815, les Bourbons imposent la **Restauration** de la monarchie. Charles X, qui a succédé à Louis XVIII, est renversé lors des journées révolutionnaires des Trois Glorieuses (1830). Louis-Philippe reste sur le trône jusqu'en 1848 : c'est la **Monarchie de Juillet**. Une nouvelle révolution marque l'avènement de la **Deuxième République**. Mais à la suite du coup d'État de 1851, Louis-Napoléon Bonaparte devient Napoléon III et instaure le **Second Empire.** Celui-ci s'effondre après la défaite de Sedan en 1871; il laisse place à la **Troisième République**.

« En 1840 : 35 millions d'habitants, dont 8 millions de pauvres. »

Au fil de ces années, le pouvoir de la bourgeoisie, une progressive démocratisation et le choix d'un régime républicain se sont finalement imposés.

◆ Révolution industrielle et misère sociale

Au plan économique, le capitalisme se renforce en France, accompagnant le développement spectaculaire des sciences et des techniques. La production industrielle augmente fortement grâce aux machines, aux moteurs, aux chemins de fer, à l'électricité, etc.

- 1802 : Naissance de Victor Hugo
- 1829 : *Le Dernier Jour d'un condamné*
- 1830 : Bataille d'*Hernani*
- 1831 : *Notre-Dame de Paris*
- 1834 : *Claude Gueux*
- 1838 : *Ruy Blas*

1799-1804 : Consulat | **1804-1814 : Premier Empire** | **1815-1830 : Restauration** | **1830-1848 : Monarchie de Juillet**

- **1804 : Napoléon Ier, empereur**
- **1830 : Trois Glorieuses**
- **1848 : Journées révolutionnaires**

Le nombre des ouvriers ne cesse de croître dans les villes et leurs conditions de travail et de vie sont souvent indignes (journée de quinze heures, salaire de misère, enfants embauchés dès six ans...). En 1840, la France compte 35 millions d'habitants dont 8 millions de pauvres.

Cependant, le développement de la scolarisation permet des progrès considérables : en 1880 pratiquement toutes les communes ont une école primaire publique. Mais en 1876, moins de 5 % des enfants suivent l'enseignement secondaire.

◆ Du romantisme au naturalisme

En art, le XIXe siècle est également « révolutionnaire ». Le début du siècle voit les admirateurs du classicisme combattus par les artistes romantiques, partisans de la liberté de création. Lamartine, Vigny, Hugo, Musset abordent de nouveaux thèmes : expression des sentiments intimes, héros « marginaux » (proscrits, roturiers), soutien aux peuples en lutte pour leur indépendance.

« *Hugo, un intellectuel engagé.* »

Dans le même temps, naît le courant réaliste qu'illustrent les romans de Balzac, de Stendhal et de Flaubert, les tableaux de Courbet. Il se prolongera dans le roman social (*Les Misérables* d'Hugo), puis dans le naturalisme (*Les Rougon-Macquart* de Zola).

Pendant tout le XIXe siècle, la littérature et les arts se confrontent aux questions politiques et sociales (liberté, émancipation, justice). C'est l'époque où naissent les grandes figures « d'intellectuels engagés » : la formule naît au XXe siècle, mais Hugo et Zola en sont d'admirables exemples. ■

1851 : Exil

1853 : *Les Châtiments*

1856 : *Les Contemplations*

1862 : *Les Misérables*

1885 : Mort de Victor Hugo

1848-1852 : Seconde République

1852-1870 : Second Empire

1870-1940 : Troisième République

1851 : Coup d'État de Louis-Napoléon Bonaparte

1871 : La Commune de Paris

Qui sont les personnages ?

Fantine

Son nom sert de titre à la première partie des *Misérables*. Cette ouvrière parisienne, jeune et jolie, est abandonnée par son amant. Elle met au monde une petite fille.

➡ *Comment élever seule son enfant ?*

Cosette

La deuxième partie des *Misérables* porte son nom. C'est la fille de Fantine. De 3 à 8 ans, elle est confiée aux Thénardier.

➡ *Que lui arrive-t-il pendant ces cinq années ?*

Le couple Thénardier

Ces aubergistes redoutables ont une seule préoccupation : se procurer de l'argent pour payer leurs dettes.

Quelles sont leurs victimes ?

Monsieur Madeleine

Maire de Montreuil-sur-mer, il a fait fortune grâce à une fabrique où il emploie beaucoup de ses administrés, parmi lesquels Fantine. Mais il porte un lourd secret.

Ce secret sera-t-il découvert ?

Javert

Policier zélé et impitoyable, c'est un fanatique de l'ordre et du respect de la hiérarchie sociale.

Que deviennent ceux qui tombent entre ses mains ?

Gravure tirée des *Misérables*, BnF, Paris.

Lire

Victor Hugo

Cosette, une enfance malheureuse

Les Misérables

1862

anthologie

Les Misérables, adaptation filmique réalisée par Raymond Bernard (1933), avec Charles Dullin (Thénardier) et Marguerite Moreno (Mme Thénardier).

Livre[1] Quatrième

« Confier, c'est quelquefois livrer »

I

Une mère qui en rencontre une autre

IL Y AVAIT, DANS LE PREMIER QUART DE CE SIÈCLE[2], à Montfermeil, près Paris[3], une façon de gargote[4] qui n'existe plus aujourd'hui. Cette gargote était tenue par des gens appelés Thénardier, mari et femme. Elle était située dans la ruelle du Boulanger. On voyait au-dessus de la porte une planche clouée à plat sur le mur. Sur cette planche était peint quelque chose qui ressemblait à un homme portant sur son dos un autre homme, lequel avait de grosses épaulettes de général dorées avec de larges étoiles argentées; des taches rouges figuraient du sang; le reste du tableau était de la fumée et représentait probablement une bataille. Au bas on lisait cette inscription : AU SERGENT DE WATERLOO.

Rien n'est plus ordinaire qu'un tombereau[5] ou une charrette à la porte d'une auberge. Cependant le véhicule ou, pour mieux dire, le fragment de véhicule qui encombrait la rue devant la gargote du Sergent de Waterloo, un soir du printemps de 1818, eût certainement attiré par sa masse l'attention d'un peintre qui eût passé là.

C'était l'avant-train[6] d'un de ces fardiers[7], usités dans les pays de forêts, et qui servent à charrier des madriers[8] et des

Waterloo

Le 18 juin 1815, Napoléon Ier fut battu à Waterloo par une coalition de Britanniques et de Prussiens, ce qui entraîna sa chute et la fin du Premier Empire. Dans la deuxième partie des *Misérables*, Hugo raconte longuement la bataille, à laquelle le patron de l'auberge a participé, à sa manière…

1. *Les Misérables* sont divisés en parties, livres et chapitres.
2. Celui du narrateur, le XIXe siècle.
3. Près de Paris.
4. Sorte de restaurant où l'on sert des plats de mauvaise qualité.
5. Caisse montée sur des roues et tirée par des chevaux.
6. Les roues de devant.
7. Chariot pour transporter de lourdes charges.
8. À transporter des planches épaisses.

troncs d'arbres. [...] Le bois disparaissait sous la boue et le fer sous la rouille. Sous l'essieu[1] pendait en draperie[2] une grosse chaîne digne de Goliath[3] forçat[4]. [...]

Le centre de la chaîne pendait sous l'essieu assez près de terre, et sur la courbure, comme sur la corde d'une balançoire, étaient assises et groupées, ce soir-là, dans un entrelacement[5] exquis, deux petites filles, l'une d'environ deux ans et demi, l'autre de dix-huit mois, la plus petite dans les bras de la plus grande. Un mouchoir[6] savamment noué les empêchait de tomber. Une mère avait vu cette effroyable chaîne, et avait dit : Tiens! voilà un joujou pour mes enfants.

Les deux enfants, du reste gracieusement attifées[7], et avec quelque recherche[8], rayonnaient; on eût dit deux roses dans de la ferraille; leurs yeux étaient un triomphe; leurs fraîches joues riaient. L'une était châtaine[9], l'autre était brune. Leurs naïfs visages étaient deux étonnements ravis; un buisson fleuri qui était près de là envoyait aux passants des parfums qui semblaient venir d'elles; celle de dix-huit mois montrait son gentil ventre nu avec cette chaste indécence[10] de la petitesse[11]. Au-dessus et autour de ces deux têtes délicates, pétries dans le bonheur et trempées dans la lumière, le gigantesque avant-train, noir de rouille, presque terrible, tout enchevêtré de courbes et d'angles farouches[12], s'arrondissait comme un porche de caverne. À quelques pas, accroupie sur le seuil de l'auberge, la mère, femme d'un aspect peu avenant[13] du reste, mais touchante en ce moment-là, balançait les deux enfants au moyen d'une longue ficelle, les couvant des yeux de peur d'accident avec cette expression animale et céleste[14] propre à la maternité; à chaque va-et-vient, les hideux[15] anneaux jetaient un bruit strident[16] qui ressemblait à un cri de

1. Pièce transversale dont les extrémités s'insèrent au centre des roues.
2. Comme un tissu disposé de façon à faire des plis.
3. Géant qui, selon la Bible, fut abattu par la fronde de David.
4. Condamné aux travaux forcés dans un bagne.
5. Rapprochement.
6. Morceau de tissu.
7. Habillées.
8. Soin, élégance.
9. Du même brun qu'une châtaigne.
10. Innocente impudeur.
11. De l'enfance.
12. Menaçants.
13. Aimable.
14. Divine.
15. Horribles.
16. Aigu, perçant.

colère ; les petites filles s'extasiaient[17], le soleil couchant se mêlait à cette joie, et rien n'était charmant comme ce caprice du hasard qui avait fait d'une chaîne de titans[18] une escarpolette[19] de chérubins.

Tout en berçant ses deux petites, la mère chantonnait d'une voix fausse une romance[20] alors célèbre :

> Il le faut, disait un guerrier…

Sa chanson et la contemplation de ses filles l'empêchaient d'entendre et de voir ce qui se passait dans la rue.

Cependant quelqu'un s'était approché d'elle, comme elle commençait le premier couplet de la romance, et tout à coup elle entendit une voix qui disait très près de son oreille :

– Vous avez là deux jolis enfants, madame.

> – À la belle et tendre Imogine,

répondit la mère, continuant sa romance, puis elle tourna la tête.

Une femme était devant elle, à quelques pas. Cette femme, elle aussi, avait un enfant qu'elle portait dans ses bras.

Elle portait en outre[21] un assez gros sac de nuit qui semblait fort lourd.

L'enfant de cette femme était un des plus divins êtres qu'on pût voir. C'était une fille de deux à trois ans. Elle eût pu jouter[22] avec les deux autres petites pour la coquetterie de l'ajustement[23] ; elle avait un bavolet[24] de linge fin, des rubans à sa brassière[25] et de la valenciennes[26] à son bonnet. Le pli de sa jupe relevée laissait voir sa cuisse blanche, potelée[27] et ferme. Elle était admirablement rose et bien portante. La belle petite donnait envie de mordre dans les pommes de ses joues. On ne pouvait rien dire de ses yeux, sinon qu'ils devaient être très grands et qu'ils avaient des cils magnifiques. Elle dormait.

Les chérubins

Les chérubins sont représentés, depuis le Moyen Âge, comme de petits anges joufflus (les « putti » en peinture). Le terme désigne ensuite les enfants de façon affectueuse.

17. S'émerveillaient.
18. Géants de la mythologie.
19. Balançoire.
20. Chanson sentimentale.
21. En plus.
22. Rivaliser.
23. Des vêtements.
24. Bonnet.
25. Petite chemise à manches.
26. Dentelle très fine et solide, fabriquée à l'origine à Valenciennes.
27. Dodue.

Elle dormait de ce sommeil d'absolue confiance propre à son âge. Les bras des mères sont faits de tendresse ; les enfants y dorment profondément.

Quant à la mère, l'aspect en était pauvre et triste. Elle avait la mise[1] d'une ouvrière qui tend à redevenir paysanne. Elle était jeune. Était-elle belle ? peut-être, mais avec cette mise il n'y paraissait pas. Ses cheveux, d'où s'échappait une mèche blonde, semblaient fort épais, mais disparaissaient sévèrement sous une coiffe de béguine[2], laide, serrée, étroite, et nouée au menton. Le rire montre les belles dents quand on en a ; mais elle ne riait point. Ses yeux ne semblaient pas être secs depuis très longtemps. Elle était pâle ; elle avait l'air très lasse[3] et un peu malade ; elle regardait sa fille endormie dans ses bras avec cet air particulier d'une mère qui a nourri son enfant. Un large mouchoir bleu, comme ceux où se mouchent les invalides[4], plié en fichu[5], masquait lourdement sa taille. Elle avait les mains hâlées[6] et toutes piquées de taches de rousseur, l'index durci et déchiqueté par l'aiguille, une mante[7] brune de laine bourrue[8], une robe de toile et de gros souliers.

C'était Fantine. […]

Vers le milieu du jour, après avoir, pour se reposer, cheminé[9] de temps en temps, moyennant trois ou quatre sous[10] par lieue[11], dans ce qu'on appelait alors les Petites Voitures des Environs de Paris, Fantine se trouvait à Montfermeil dans la ruelle du Boulanger.

Comme elle passait devant l'auberge Thénardier, les deux petites filles, enchantées sur leur escarpolette monstre, avaient été pour elle une sorte d'éblouissement, et elle s'était arrêtée devant cette vision de joie.

Il y a des charmes. Ces deux petites filles en furent un pour cette mère.

1. L'habillement.
2. Religieuse.
3. Fatiguée.
4. Militaires handicapés.
5. Foulard plié en forme de triangle.
6. Brunies par le soleil.
7. Longue cape avec une capuche.
8. Grossière.
9. Voyagé.
10. Petite monnaie valant un vingtième de franc.
11. Ancienne mesure de distance (4 km environ).

Elle les considérait, tout émue. La présence des anges est une annonce de paradis. Elle crut voir au-dessus de cette auberge le mystérieux ICI de la providence[12]. Ces deux petites étaient si évidemment heureuses ! Elle les regardait, elle les admirait, tellement attendrie qu'au moment où la mère reprenait haleine entre deux vers de sa chanson, elle ne put s'empêcher de lui dire ce mot qu'on vient de lire :

– Vous avez là deux jolis enfants, madame.

Les créatures les plus féroces sont désarmées par la caresse à leurs petits. La mère leva la tête et remercia, et fit asseoir la passante sur le banc de la porte, elle-même étant sur le seuil. Les deux femmes causèrent.

– Je m'appelle madame Thénardier, dit la mère des deux petites. Nous tenons cette auberge.

Puis, toujours à sa romance, elle reprit entre ses dents :

Il le faut, je suis chevalier,
Et je pars pour la Palestine.

Cette madame Thénardier était une femme rousse, charnue, anguleuse ; le type femme-à-soldat dans toute sa disgrâce[13]. Et, chose bizarre, avec un air penché[14] qu'elle devait à des lectures romanesques. C'était une minaudière[15] hommasse[16]. De vieux romans qui se sont éraillés[17] sur des imaginations de gargotières[18] ont de ces effets-là. Elle était jeune encore ; elle avait à peine trente ans. Si cette femme, qui était accroupie, se fût tenue droite, peut-être sa haute taille et sa carrure de colosse[19] ambulant propre aux foires, eussent-elles dès l'abord effarouché[20] la voyageuse, troublé sa confiance, et fait évanouir ce que nous avons à raconter. Une personne qui est assise au lieu d'être debout, les destinées tiennent à cela.

La voyageuse raconta son histoire, un peu modifiée :

12. Puissance divine gouvernant le monde.
13. Son manque de charme.
14. Mélancolique.
15. Femme qui fait des mines pour séduire.
16. Avec des allures masculines.
17. Frottés.
18. Aubergistes.
19. Personne d'une taille et d'une force exceptionnelles.
20. Effrayé.

Qu'elle était ouvrière; que son mari était mort[1]; que le travail lui manquait à Paris, et qu'elle allait en chercher ailleurs; dans son pays[2]; qu'elle avait quitté Paris le matin même, à pied; que, comme elle portait son enfant, se sentant fatiguée, et ayant rencontré la voiture de Villemomble, elle y était montée; que de Villemomble elle était venue à Montfermeil à pied; que la petite avait un peu marché, mais pas beaucoup, c'est si jeune, et qu'il avait fallu la prendre[3], et que le bijou s'était endormi.

Et sur ce mot elle donna à sa fille un baiser passionné qui la réveilla. L'enfant ouvrit les yeux, de grands yeux bleus comme ceux de sa mère, et regarda, quoi ? rien, tout, avec cet air sérieux et quelquefois sévère des petits enfants, qui est un mystère de leur lumineuse innocence devant nos crépuscules de vertus. On dirait qu'ils se sentent anges et qu'ils nous savent hommes. Puis l'enfant se mit à rire, et, quoique la mère la retînt, glissa à terre avec l'indomptable[4] énergie d'un petit être qui veut courir. Tout à coup elle aperçut les deux autres sur leur balançoire, s'arrêta court, et tira la langue, signe d'admiration.

La mère Thénardier détacha ses filles, les fit descendre de l'escarpolette, et dit :

– Amusez-vous toutes les trois.

Ces âges-là s'apprivoisent[5] vite, et au bout d'une minute, les petites Thénardier jouaient avec la nouvelle venue à faire des trous dans la terre, plaisir immense.

Cette nouvelle venue était très gaie; la bonté de la mère est écrite dans la gaîté du marmot; elle avait pris un brin de bois qui lui servait de pelle, et elle creusait énergiquement une fosse bonne pour une mouche. Ce que fait le fossoyeur[6] devient riant, fait par l'enfant.

La Thénardier.

1. Fantine a été abandonnée par son amant, qui n'a jamais su qu'elle attendait un enfant de lui.
2. Sa région natale.
3. Porter dans les bras.
4. Impossible à maîtriser.
5. Deviennent amis.
6. Personne chargée d'enterrer les morts.

Les deux femmes continuèrent de causer.

– Comment s'appelle votre mioche[7] ?

– Cosette.

Cosette, lisez Euphrasie. La petite se nommait Euphrasie. Mais d'Euphrasie la mère avait fait Cosette, par ce doux et gracieux instinct des mères et du peuple qui change Josefa en Pepita et Françoise en Sillette. C'est là un genre de dérivés qui dérange et déconcerte[8] toute la science des étymologistes[9]. Nous avons connu une grand'mère qui avait réussi à faire de Théodore, Gnon.

– Quel âge a-t-elle ?

– Elle va sur trois ans.

– C'est comme mon aînée.

Cependant les trois petites filles étaient groupées dans une posture d'anxiété[10] profonde et de béatitude[11] ; un événement avait lieu ; un gros ver venait de sortir de terre ; et elles avaient peur, et elles étaient en extase[12].

Leurs fronts radieux se touchaient ; on eût dit trois têtes dans une auréole[13].

– Les enfants, s'écria la mère Thénardier, comme ça se connaît tout de suite ! Les voilà qu'on jurerait trois sœurs !

Ce mot fut l'étincelle qu'attendait probablement l'autre mère. Elle saisit la main de la Thénardier, la regarda fixement, et lui dit :

– Voulez-vous me garder mon enfant ?

La Thénardier eut un de ces mouvements surpris qui ne sont ni le consentement ni le refus.

La mère de Cosette poursuivit :

– Voyez-vous, je ne peux pas emmener ma fille au pays. L'ouvrage ne le permet pas. Avec un enfant, on ne trouve pas à se placer[14]. Ils sont si ridicules dans ce pays-là. C'est le

Fantine.

7. Jeune enfant *(familier)*.
8. Étonne.
9. Spécialistes de l'origine des mots.
10. Angoisse.
11. Bonheur.
12. Dans une joie extrême.
13. Cercle lumineux autour de la tête d'un saint.
14. Se faire embaucher.

bon Dieu qui m'a fait passer devant votre auberge. Quand j'ai vu vos petites si jolies et si propres et si contentes, cela m'a bouleversée. J'ai dit : voilà une bonne mère. C'est ça ; ça fera trois sœurs. Et puis, je ne serai pas longtemps à revenir. Voulez-vous me garder mon enfant ?

– Il faudrait voir, dit la Thénardier.

– Je donnerais six francs par mois.

Ici une voix d'homme cria du fond de la gargote :

– Pas à moins de sept francs. Et six mois payés d'avance.

– Six fois sept quarante-deux, dit la Thénardier.

– Je les donnerai, dit la mère.

– Et quinze francs en dehors pour les premiers frais[1], ajouta la voix d'homme.

– Total cinquante-sept francs, dit la madame Thénardier. Et à travers ces chiffres, elle chantonnait vaguement :

Il le faut, disait un guerrier.

– Je les donnerai, dit la mère, j'ai quatre-vingts francs. Il me restera de quoi aller au pays. En allant à pied. Je gagnerai de l'argent là-bas, et dès que j'en aurai un peu, je reviendrai chercher l'amour[2].

La voix d'homme reprit :

– La petite a un trousseau[3] ?

– C'est mon mari, dit la Thénardier.

– Sans doute elle a un trousseau, le pauvre trésor. J'ai bien vu que c'était votre mari. Et un beau trousseau encore ! Un trousseau insensé, tout par douzaines ; et des robes de soie comme une dame. Il est là dans mon sac de nuit.

– Il faudra le donner, repartit la voix d'homme.

– Je crois bien que je le donnerai ! dit la mère. Ce serait cela qui serait drôle si je laissais ma fille toute nue !

La face du maître apparut.

1. Dépenses.
2. Ma fille chérie.
3. Ensemble des vêtements d'un enfant qui quitte sa famille.

– C'est bon, dit-il.

Le marché fut conclu. La mère passa la nuit à l'auberge, donna son argent et laissa son enfant, renoua son sac de nuit dégonflé du trousseau et léger désormais, et partit le lendemain matin, comptant revenir bientôt. On arrange tranquillement ces départs-là, mais ce sont des désespoirs.

Une voisine des Thénardier rencontra cette mère comme elle s'en allait, et s'en revint en disant :

– Je viens de voir une femme qui pleure dans la rue, que c'est un déchirement.

Quand la mère de Cosette fut partie, l'homme dit à la femme :

– Cela va me payer mon effet[4] de cent dix francs qui échoit[5] demain. Il me manquait cinquante francs. Sais-tu que j'aurais eu l'huissier[6] et un protêt[7]? Tu as fait là une bonne souricière[8] avec tes petites.

– Sans m'en douter, dit la femme.

II

Première esquisse[9] de deux figures louches[10]

La souris prise était bien chétive[11]; mais le chat se réjouit même d'une souris maigre.

Qu'était-ce que les Thénardier?

Disons-en un mot dès à présent. Nous compléterons le croquis[12] plus tard.

4. Ma dette.
5. Arrive à la date où il faut rembourser.
6. Personne chargée de saisir les biens, quand le débiteur ne peut rembourser ses dettes.
7. Document officiel constatant le non-paiement d'une dette.
8. Piège à souris.
9. Premiers traits d'un tableau, ébauche.
10. Peu rassurantes.
11. Maigre et fragile.
12. Dessin rapide.

Ces êtres appartenaient à cette classe bâtarde[1] composée de gens grossiers parvenus[2] et de gens intelligents déchus[3], qui est entre la classe dite moyenne et la classe dite inférieure, et qui combine quelques-uns des défauts de la seconde avec presque tous les vices[4] de la première, sans avoir le généreux élan[5] de l'ouvrier ni l'ordre honnête du bourgeois.

C'étaient de ces natures naines qui, si quelque feu sombre les chauffe par hasard, deviennent facilement monstrueuses. Il y avait dans la femme le fond d'une brute et dans l'homme l'étoffe d'un gueux[6]. Tous deux étaient au plus haut degré susceptibles[7] de l'espèce de hideux progrès qui se fait dans le sens du mal. Il existe des âmes écrevisses reculant continuellement vers les ténèbres, rétrogradant dans la vie plutôt qu'elles n'y avancent, employant l'expérience à augmenter leur difformité[8], empirant[9] sans cesse, et s'empreignant[10] de plus en plus d'une noirceur croissante. Cet homme et cette femme étaient de ces âmes-là. [...]

III

L'Alouette

Il ne suffit pas d'être méchant pour prospérer[11]. La gargote allait mal.

Grâce aux cinquante-sept francs de la voyageuse, Thénardier avait pu éviter un protêt[12] et faire honneur à sa signature[13]. Le mois suivant ils eurent encore besoin d'argent;

1. Mélangée *(péjoratif)*.
2. Devenus riches.
3. Tombés dans une classe inférieure.
4. Graves défauts.
5. La vitalité.
6. Truand.
7. Capables.
8. Monstruosité.
9. Devenant de pire en pire.
10. Se teintant.
11. S'enrichir.
12. Voir note 7 p. 23.
13. Rembourser à temps.

la femme porta à Paris et engagea au mont-de-piété le trousseau de Cosette pour une somme de soixante francs. Dès que cette somme fut dépensée, les Thénardier s'accoutumèrent[14] à ne plus voir dans la petite fille qu'un enfant qu'ils avaient chez eux par charité, et la traitèrent en conséquence. Comme elle n'avait plus de trousseau, on l'habilla des vieilles jupes et des vieilles chemises des petites Thénardier, c'est-à-dire de haillons[15]. On la nourrit des restes de tout le monde, un peu mieux que le chien et un peu plus mal que le chat. Le chat et le chien étaient du reste ses commensaux[16] habituels ; Cosette mangeait avec eux sous la table dans une écuelle[17] de bois pareille à la leur.

La mère qui s'était fixée, comme on le verra plus tard, à Montreuil-sur-mer, écrivait, ou, pour mieux dire, faisait écrire tous les mois afin d'avoir des nouvelles de son enfant. Les Thénardier répondaient invariablement : Cosette est à merveille.

Les six premiers mois révolus, la mère envoya sept francs pour le septième mois, et continua assez exactement ses envois de mois en mois. L'année n'était pas finie que le Thénardier dit : « Une belle grâce qu'elle nous fait là ! Que veut-elle que nous fassions avec ses sept francs ! » et il écrivit pour exiger douze francs. La mère, à laquelle ils persuadaient[18] que son enfant était heureuse « et venait bien[19] », se soumit et envoya les douze francs.

Certaines natures ne peuvent aimer d'un côté sans haïr de l'autre. La mère Thénardier aimait passionnément ses deux filles à elle, ce qui fit qu'elle détesta l'étrangère. Il est triste de songer que l'amour d'une mère peut avoir de vilains aspects. Si peu de place que Cosette tînt chez elle, il lui semblait que cela était pris aux siens, et que cette

Le mont-de-piété

Un mont-de-piété est un organisme qui prête de l'argent en échange de biens (bijoux, objets, vêtements) gardés en dépôt. Il permet ainsi aux plus pauvres d'obtenir un crédit.

14. S'habituèrent.
15. Vêtements en très mauvais état.
16. Compagnons de table.
17. Assiette.
18. Affirmaient.
19. Grandissait correctement.

petite diminuait l'air que ses filles respiraient. Cette femme, comme beaucoup de femmes de sa sorte, avait une somme[1] de caresses et une somme de coups et d'injures à dépenser chaque jour. Si elle n'avait pas eu Cosette, il est certain que ses filles, tout idolâtrées[2] qu'elles étaient, auraient tout reçu ; mais l'étrangère leur rendit le service de détourner les coups sur elle. Ses filles n'eurent que les caresses. Cosette ne faisait pas un mouvement qui ne fît pleuvoir sur sa tête une grêle de châtiments violents et immérités. Doux être faible qui ne devait rien comprendre à ce monde ni à Dieu, sans cesse punie, grondée, rudoyée[3], battue et voyant à côté d'elle deux petites créatures comme elle, qui vivaient dans un rayon d'aurore[4] !

La Thénardier étant méchante pour Cosette, Éponine et Azelma furent méchantes. Les enfants, à cet âge, ne sont que des exemplaires[5] de la mère. Le format est plus petit, voilà tout.

Une année s'écoula, puis une autre.

On disait dans le village :

– Ces Thénardier sont de braves gens. Ils ne sont pas riches, et ils élèvent un pauvre enfant qu'on leur a abandonné chez eux !

On croyait Cosette oubliée par sa mère.

Cependant le Thénardier, ayant appris par on ne sait quelles voies obscures que l'enfant était probablement bâtard[6] et que la mère ne pouvait l'avouer, exigea quinze francs par mois, disant que « la créature » grandissait et « mangeait », et menaçant de la renvoyer. « Qu'elle ne m'embête pas ! s'écriait-il, je lui bombarde son mioche tout au beau milieu de ses cachotteries[7]. Il me faut de l'augmentation. » La mère paya les quinze francs.

D'année en année, l'enfant grandit, et sa misère aussi.

1. Quantité.
2. Adorées.
3. Traitée avec brutalité.
4. Dans le bonheur.
5. Imitations.
6. Né de père inconnu.
7. Secrets.

Tant que Cosette fut toute petite, elle fut le souffre-douleur des deux autres enfants ; dès qu'elle se mit à se développer un peu, c'est-à-dire avant même qu'elle eût cinq ans, elle devint la servante de la maison.

Cinq ans, dira-t-on, c'est invraisemblable. Hélas, c'est vrai. La souffrance sociale commence à tout âge. N'avons-nous pas vu, récemment, le procès d'un nommé Dumolard, orphelin devenu bandit, qui, dès l'âge de cinq ans, disent les documents officiels, étant seul au monde, « travaillait pour vivre, et volait. »

On fit faire à Cosette les commissions, balayer les chambres, la cour, la rue, laver la vaisselle, porter même des fardeaux[8]. Les Thénardier se crurent d'autant plus autorisés à agir ainsi que la mère qui était toujours à Montreuil-sur-mer commença à mal payer. Quelques mois restèrent en souffrance[9].

Si cette mère fût revenue à Montfermeil au bout de ces trois années, elle n'eût point reconnu son enfant. Cosette, si jolie et si fraîche à son arrivée dans cette maison, était maintenant maigre et blême[10]. Elle avait je ne sais quelle allure inquiète. « Sournoise[11] ! » disaient les Thénardier.

L'injustice l'avait faite hargneuse[12] et la misère l'avait rendue laide. Il ne lui restait plus que ses beaux yeux qui faisaient peine, parce que, grands comme ils étaient, il semblait qu'on y vît une plus grande quantité de tristesse.

C'était une chose navrante[13] de voir l'hiver ce pauvre enfant, qui n'avait pas encore six ans, grelottant sous de vieilles loques[14] de toile trouées, balayer la rue avant le jour avec un énorme balai dans ses petites mains rouges et une larme dans ses grands yeux.

Dans le pays on l'appelait l'Alouette. Le peuple, qui aime les figures[15], s'était plu à nommer de ce nom ce petit être pas

8. Poids importants.
9. En attente de paiement.
10. Très pâle.
11. Mauvaise.
12. Agressive.
13. Très triste.
14. Vêtements déchirés.
15. Figures de style, métaphores.

plus gros qu'un oiseau, tremblant, effarouché[1] et frissonnant, éveillé le premier chaque matin dans la maison et dans le village, toujours dans la rue ou dans les champs avant l'aube.

Seulement la pauvre Alouette ne chantait jamais.

Livre Cinquième
La descente

Fantine trouve du travail à Montreuil-sur-mer, dans une fabrique de bijoux appartenant au maire de la ville, M. Madeleine. Les Thénardier réclament sans cesse plus d'argent. Une méchante femme de Montreuil, madame Victurnien, se rend à Montfermeil et découvre l'existence de Cosette. La surveillante de l'atelier, affirmant agir au nom du maire, exige alors que Fantine, mère sans être mariée, quitte l'atelier. Fantine ne trouve qu'un travail de couture, payé douze sous par jour, et survit dans une pauvreté extrême.

X
Suite du succès
[de madame Victurnien]

[...] Fantine gagnait trop peu. Ses dettes avaient grossi. Les Thénardier, mal payés, lui écrivaient à chaque instant des lettres dont le contenu la désolait et dont le port[2] la ruinait. Un jour ils lui écrivirent que sa petite Cosette était toute

1. Effrayé.
2. Prix de l'acheminement, payé par le destinataire.

nue par le froid qu'il faisait, qu'elle avait besoin d'une jupe de laine, et qu'il fallait au moins que la mère envoyât dix francs pour cela. Elle reçut la lettre, et la froissa dans ses mains tout le jour. Le soir elle entra chez un barbier[3] qui habitait le coin de la rue, et défit son peigne[4]. Ses admirables cheveux blonds lui tombèrent jusqu'aux reins.

– Les beaux cheveux, s'écria le barbier.

– Combien m'en donneriez-vous ? dit-elle.

– Dix francs.

– Coupez-les.

Elle acheta une jupe de tricot et l'envoya aux Thénardier.

Cette jupe fit les Thénardier furieux. C'était de l'argent qu'ils voulaient. Ils donnèrent la jupe à Éponine. La pauvre Alouette continua de frissonner.

Fantine pensa : « Mon enfant n'a plus froid. Je l'ai habillée de mes cheveux. » Elle mettait de petits bonnets ronds qui cachaient sa tête tondue et avec lesquels elle était encore jolie.

Un travail ténébreux[5] se faisait dans le cœur de Fantine. Quand elle vit qu'elle ne pouvait plus se coiffer, elle commença à tout prendre en haine autour d'elle. Elle avait longtemps partagé la vénération[6] de tous pour le père Madeleine ; cependant, à force de se répéter que c'était lui qui l'avait chassée, et qu'il était la cause de son malheur, elle en vint à le haïr lui aussi, lui surtout. Quand elle passait devant la fabrique[7] aux heures où les ouvriers sont sur la porte, elle affectait[8] de rire et de chanter.

Une vieille ouvrière qui la vit une fois chanter et rire de cette façon dit :

– Voilà une fille qui finira mal.

Elle prit un amant, le premier venu, un homme qu'elle n'aimait pas, par bravade[9], avec la rage dans le cœur.

Le budget de Fantine

Comme ouvrière à domicile, Fantine gagne 12 sous par jour, soit 18 francs par mois (20 sous = 1 franc), si elle ne prend aucun jour de congé. La pension de Cosette est de 15 francs par mois. Il reste donc à Fantine 3 francs par mois pour vivre, quand un kilo de pain coûte environ 9 sous.

3. Coiffeur.
4. Sorte de barrette qui retient les cheveux.
5. Mystérieux et triste.
6. Affection et respect profonds.
7. Ateliers où travaillait Fantine.
8. Faisait exprès.
9. Provocation.

C'était un misérable, une espèce de musicien mendiant, un oisif[1] gueux, qui la battait, et qui la quitta comme elle l'avait pris, avec dégoût.

Elle adorait son enfant.

Plus elle descendait, plus tout devenait sombre autour d'elle, plus ce doux petit ange rayonnait dans le fond de son âme. Elle disait : Quand je serai riche, j'aurai ma Cosette avec moi ; et elle riait. La toux ne la quittait pas, et elle avait des sueurs dans le dos.

Un jour elle reçut des Thénardier une lettre ainsi conçue[2] : « Cosette est malade d'une maladie qui est dans le pays. Une fièvre miliaire[3], qu'ils appellent. Il faut des drogues[4] chères. Cela nous ruine et nous ne pouvons plus payer. Si vous ne nous envoyez pas quarante francs avant huit jours, la petite est morte. »

Elle se mit à rire aux éclats, et elle dit à sa vieille voisine :
– Ah ! ils sont bons ! quarante francs ! que ça ! ça fait deux napoléons ! Où veulent-ils que je les prenne ? Sont-ils bêtes, ces paysans !

Cependant elle alla dans l'escalier près d'une lucarne[5] et relut la lettre. Puis elle descendit l'escalier et sortit en courant et en sautant, riant toujours. Quelqu'un qui la rencontra lui dit :
– Qu'est-ce que vous avez donc à être si gaie ?

Elle répondit :
– C'est une bonne bêtise que viennent de m'écrire des gens de la campagne. Ils me demandent quarante francs. Paysans, va !

Comme elle passait sur la place, elle vit beaucoup de monde qui entourait une voiture de forme bizarre, sur l'impériale[6] de laquelle pérorait[7] tout debout un homme vêtu en rouge. C'était un bateleur[8] dentiste en tournée, qui offrait

La tuberculose

Fantine a tous les symptômes de la tuberculose, alors appelée « pht(h)isie » : toux, yeux brillants de fièvre, douleurs thoraciques. Très fréquente, contagieuse et mortelle jusqu'à la découverte des antibiotiques, cette maladie est particulièrement répandue dans les milieux pauvres. « La phthisie sociale s'appelle la misère », écrit Hugo dans *Les Misérables* (IV, VII, 4).

1. Sans emploi ni activité.
2. Rédigée.
3. Qui entraîne une éruption de boutons ressemblant à des grains de mil.
4. Médicaments.
5. Petite fenêtre.
6. Plate-forme sur le toit d'une diligence.
7. Faisait de grands discours *(péjoratif)*.
8. Amuseur de foire.

au public des râteliers[9] complets, des opiats[10], des poudres et des élixirs[11].

Fantine se mêla au groupe et se mit à rire comme les autres de cette harangue[12] où il y avait de l'argot[13] pour la canaille[14] et du jargon[15] pour les gens comme il faut. L'arracheur de dents vit cette belle fille qui riait, et s'écria tout à coup : – Vous avez de jolies dents, la fille qui riez là. Si vous voulez me vendre vos deux palettes, je vous donne de chaque un napoléon[16] d'or.

– Qu'est-ce que c'est que ça, mes palettes ? demanda Fantine.

– Les palettes, reprit le professeur dentiste, c'est les dents de devant, les deux d'en haut.

– Quelle horreur ! s'écria Fantine.

– Deux napoléons ! grommela[17] une vieille édentée qui était là. Qu'en voilà une qui est heureuse !

Fantine s'enfuit et se boucha les oreilles pour ne pas entendre la voix enrouée de l'homme qui lui criait :

– Réfléchissez, la belle ! deux napoléons, ça peut servir. Si le cœur vous en dit, venez ce soir à l'auberge du *Tillac d'argent*, vous m'y trouverez.

Fantine rentra, elle était furieuse et conta la chose à sa bonne voisine Marguerite :

– Comprenez-vous cela ? ne voilà-t-il pas un abominable homme ? comment laisse-t-on des gens comme cela aller dans le pays ! M'arracher mes deux dents de devant ! mais je serais horrible ! Les cheveux repoussent, mais les dents ! Ah ! le monstre d'homme ! j'aimerais mieux me jeter d'un cinquième la tête la première sur le pavé ! Il m'a dit qu'il serait ce soir au *Tillac d'argent*.

– Et qu'est-ce qu'il offrait ? demanda Marguerite.

– Deux napoléons.

9. Dentiers *(familier)*.
10. Dentifrices.
11. Sirops pour soigner.
12. Ce discours.
13. Langage des vagabonds, des malfaiteurs.
14. Terme méprisant pour désigner les gens du peuple.
15. Langage obscur.
16. Pièce d'or.
17. Dit entre ses dents.

– Cela fait quarante francs.

– Oui, dit Fantine, cela fait quarante francs.

Elle resta pensive, et se mit à son ouvrage. Au bout d'un quart d'heure, elle quitta sa couture et alla relire la lettre des Thénardier sur l'escalier.

En rentrant, elle dit à Marguerite qui travaillait près d'elle :

– Qu'est-ce que c'est donc que cela, une fièvre miliaire ? Savez-vous ?

– Oui, répondit la vieille fille, c'est une maladie.

– Ça a donc besoin de beaucoup de drogues ?

– Oh ! des drogues terribles.

– Où ça vous prend-il ?

– C'est une maladie qu'on a comme ça.

– Cela attaque donc les enfants ?

– Surtout les enfants.

– Est-ce qu'on en meurt ?

– Très bien, dit Marguerite.

Fantine sortit et alla encore une fois relire la lettre sur l'escalier.

Le soir elle descendit, et on la vit qui se dirigeait du côté de la rue de Paris où sont les auberges.

Le lendemain matin, comme Marguerite entrait dans la chambre de Fantine avant le jour, car elles travaillaient toujours ensemble et de cette façon n'allumaient qu'une chandelle pour deux, elle trouva Fantine assise sur son lit, pâle, glacée. Elle ne s'était pas couchée. Son bonnet était tombé sur ses genoux. La chandelle avait brûlé toute la nuit et était presque entièrement consumée[1].

Marguerite s'arrêta sur le seuil, pétrifiée[2] de cet énorme désordre, et s'écria :

1. Brûlée.
2. Paralysée par l'émotion.

– Seigneur ! la chandelle qui est toute brûlée ! il s'est passé des événements !

Puis elle regarda Fantine qui tournait vers elle sa tête sans cheveux.

Fantine depuis la veille avait vieilli de dix ans.

– Jésus ! fit Marguerite, qu'est-ce que vous avez, Fantine ?

– Je n'ai rien, répondit Fantine. Au contraire. Mon enfant ne mourra pas de cette affreuse maladie, faute de secours. Je suis contente.

En parlant ainsi, elle montrait à la vieille fille deux napoléons qui brillaient sur la table.

– Ah, Jésus Dieu ! dit Marguerite. Mais c'est une fortune ! Où avez-vous eu ces louis d'or ?

– Je les ai eus, répondit Fantine.

En même temps elle sourit. La chandelle éclairait son visage. C'était un sourire sanglant. Une salive rougeâtre lui souillait[3] le coin des lèvres, et elle avait un trou noir dans la bouche.

Les deux dents étaient arrachées. Elle envoya les quarante francs à Montfermeil. Du reste c'était une ruse des Thénardier pour avoir de l'argent. Cosette n'était pas malade.

Fantine jeta son miroir par la fenêtre. Depuis longtemps elle avait quitté sa cellule du second pour une mansarde[4] fermée d'un loquet[5] sous le toit ; un de ces galetas[6] dont le plafond fait angle avec le plancher[7] et vous heurte à chaque instant la tête. [...] Elle avait perdu la honte, elle perdit la coquetterie. Dernier signe. Elle sortait avec des bonnets sales. Soit faute de temps, soit indifférence, elle ne raccommodait plus son linge. À mesure que les talons s'usaient, elle tirait ses bas dans ses souliers. Cela se voyait à de certains plis perpendiculaires. Elle rapiéçait[8] son corset[9], vieux et usé,

3. Salissait.
4. Petite pièce.
5. Serrure de porte très simple.
6. Logement misérable.
7. Mansardé.
8. Cousait des pièces sur l'étoffe trouée.
9. Sous-vêtement féminin qui serrait la taille et le ventre.

avec des morceaux de calicot[1] qui se déchiraient au moindre mouvement. Les gens auxquels elle devait[2], lui faisaient « des scènes », et ne lui laissaient aucun repos. Elle les trouvait dans la rue, elle les retrouvait dans son escalier. Elle passait des nuits à pleurer et à songer. Elle avait les yeux très brillants, et elle sentait une douleur fixe dans l'épaule, vers le haut de l'omoplate gauche. Elle toussait beaucoup. Elle haïssait profondément le père Madeleine, et ne se plaignait pas. Elle cousait dix-sept heures par jour ; mais un entrepreneur du travail des prisons, qui faisait travailler les prisonnières au rabais, fit tout à coup baisser les prix, ce qui réduisit la journée des ouvrières libres à neuf sous[3]. Dix-sept heures de travail, et neuf sous par jour ! Ses créanciers[4] étaient plus impitoyables[5] que jamais. Le fripier[6], qui avait repris presque tous les meubles, lui disait sans cesse : « Quand me payeras-tu, coquine[7] ? » Que voulait-on d'elle, bon Dieu ! Elle se sentait traquée et il se développait en elle quelque chose de la bête farouche. Vers le même temps, le Thénardier lui écrivit que décidément il avait attendu avec beaucoup trop de bonté, et qu'il lui fallait cent francs, tout de suite ; sinon qu'il mettrait à la porte la petite Cosette, toute convalescente[8] de sa grande maladie, par le froid, par les chemins, et qu'elle deviendrait ce qu'elle pourrait, et qu'elle crèverait, si elle voulait. – Cent francs ! songea Fantine. Mais où y a-t-il un état[9] à gagner cent sous par jour ?

– Allons ! dit-elle, vendons le reste.

L'infortunée se fit fille publique.

Un soir d'hiver, Fantine est harcelée par un « élégant », qui se moque de cette prostituée édentée et lui jette de la neige. Excédée, elle se révolte et le frappe. Elle est alors arrêtée par le redoutable inspecteur Javert, qui l'emmène au poste de police.

La prostitution au XIXe siècle

En 1812, on comptait à Paris 1 200 prostituées officiellement recensées par les autorités. Elles étaient 2 600 en 1824, 3 200 en 1831. Il faut ajouter à ce nombre au moins autant de filles non enregistrées et dix ou vingt fois plus de jeunes filles qui se prostituent de temps en temps. Presque toutes sont d'origine ouvrière, employées surtout dans les métiers du textile (couturières, repasseuses, dentellières, etc.), les plus mal payés.

1. Toile de coton de mauvaise qualité.
2. Devait de l'argent.
3. La pension de Cosette est de 10 sous. Fantine ne peut plus faire face.
4. Ceux à qui elle devait de l'argent.
5. Sans pitié.
6. Vendeur de vêtements et de meubles d'occasion.
7. Femme malhonnête.
8. À peine remise.
9. Métier.

XIII

Solution de quelques questions de police municipale

[…] En entrant, la Fantine alla tomber dans un coin, immobile et muette, accroupie comme une chienne qui a peur.

Le sergent du poste apporta une chandelle allumée sur une table. Javert s'assit, tira de sa poche une feuille de papier timbré[10] et se mit à écrire.

Ces classes de femmes sont entièrement remises[11] par nos lois à la discrétion[12] de la police. Elle en fait ce qu'elle veut, les punit comme bon lui semble, et confisque à son gré[13] ces deux tristes choses qu'elles appellent leur industrie[14] et leur liberté. Javert était impassible[15] ; son visage sérieux ne trahissait aucune émotion. Pourtant il était gravement et profondément préoccupé. C'était un de ces moments où il exerçait sans contrôle, mais avec tous les scrupules[16] d'une conscience sévère, son redoutable pouvoir discrétionnaire[17]. En cet instant, il le sentait, son escabeau[18] d'agent de police était un tribunal. Il jugeait. Il jugeait, et il condamnait. Il appelait tout ce qu'il pouvait avoir d'idées dans l'esprit autour de la grande chose qu'il faisait. Plus il examinait le fait[19] de cette fille, plus il se sentait révolté. Il était évident qu'il venait de voir commettre un crime. Il venait de voir, là dans la rue, la société, représentée par un propriétaire-électeur[20], insultée et attaquée par une créature en dehors de tout. Une prostituée avait attenté à un bourgeois. Il avait vu cela, lui Javert. Il écrivait en silence.

Quand il eut fini, il signa, plia le papier et dit au sergent du poste, en le lui remettant : – Prenez trois hommes, et

Le suffrage censitaire

Sous la Restauration, ont le droit de voter ceux qui payent suffisamment d'impôts. De 1814 à 1830, il faut payer un *cens* (total des impôts) de 300 francs pour être électeur et de 1 000 francs pour être éligible.

10. Papier destiné à la rédaction d'actes officiels.
11. Soumises.
12. Au bon vouloir de.
13. Comme elle veut.
14. Métier.
15. Sans émotion apparente.
16. Exigences de rigueur, de droiture.
17. Tout-puissant.
18. Siège bas sans dossier.
19. Cas.
20. Personne que sa fortune autorisait à voter.

menez cette fille au bloc[1]. Puis se tournant vers la Fantine :
– Tu en as pour six mois.

La malheureuse tressaillit.

– Six mois ! six mois de prison ! cria-t-elle. Six mois à gagner sept sous par jour ! Mais que deviendra Cosette ? ma fille ! ma fille ! Mais je dois encore plus de cent francs aux Thénardier, monsieur l'inspecteur, savez-vous cela ?

Elle se traîna sur la dalle[2] mouillée par les bottes boueuses de tous ces hommes, sans se lever, joignant les mains, faisant de grands pas avec ses genoux.

– Monsieur Javert, dit-elle, je vous demande grâce. Je vous assure que je n'ai pas eu tort. Si vous aviez vu le commencement, vous auriez vu ! je vous jure le bon Dieu que je n'ai pas eu tort. C'est ce monsieur le bourgeois que je ne connais pas qui m'a mis de la neige dans le dos. [...]. Pourquoi s'est-il en allé ? Je lui demanderais pardon. Oh ! mon Dieu, cela me serait bien égal de lui demander pardon. Faites-moi grâce pour aujourd'hui cette fois, monsieur Javert. Tenez, vous ne savez pas ça, dans les prisons on ne gagne que sept sous, ce n'est pas la faute du gouvernement, mais on gagne sept sous, et figurez-vous que j'ai cent francs à payer, ou autrement on me renverra ma petite. Ô mon Dieu ! je ne peux pas l'avoir avec moi. C'est si vilain ce que je fais ! Ô ma Cosette, ô mon petit ange de la bonne sainte Vierge, qu'est-ce qu'elle deviendra, pauvre loup ! Je vais vous dire, c'est les Thénardier, des aubergistes, des paysans, ça n'a pas de raisonnement. Il leur faut de l'argent. Ne me mettez pas en prison ! Voyez-vous, c'est une petite qu'on mettrait à même sur la grande route, va comme tu pourras, en plein cœur d'hiver, il faut avoir pitié de cette chose-là, mon bon monsieur Javert. [...]

1. En prison *(expression populaire)*.
2. Le sol recouvert de carreaux de pierre.

– Allons ! dit Javert, je t'ai écoutée. As-tu bien tout dit ? Marche à présent ! Tu as tes six mois ; le Père éternel en personne[3] n'y pourrait plus rien.

À cette solennelle parole, *le Père éternel en personne n'y pourrait plus rien*, elle comprit que l'arrêt[4] était prononcé. Elle s'affaissa sur elle-même en murmurant :

– Grâce[5] !

Javert tourna le dos.

Les soldats la saisirent par les bras.

3. Dieu lui-même.
4. La décision.
5. Pitié !

A. de Neuville, *Fantine arrêtée par Javert*, gravure, 1906, BnF, Paris.

Pause lecture 1

Première partie : Fantine (1)

Les sacrifices d'une mère

Mères et filles l. 1 à 211

Avez-vous bien lu ?

Le récit commence :

- ❑ à Waterloo en 1815 ?
- ❑ à Paris en 1818 ?
- ❑ à Montfermeil en 1818 ?

Coucher de soleil dans la ruelle du Boulanger (l. 1-60, p. 15-17)

1 Dans quel cadre se passe la rencontre entre Fantine et madame Thénardier ? Quelles impressions s'en dégagent ?

2 Relevez plusieurs effets de contraste : quels éléments sont opposés ? Le tableau des deux enfants et de leur mère est-il vraiment « charmant » (l. 53, p. 17) ? Pourquoi ?

Fantine et sa fille (l. 61-107, p. 17-18)

3 Comparez la présentation de la petite fille avec celle des deux autres enfants.

4 Sur quels éléments le portrait de Fantine (l. 86 à 101) insiste-t-il ?

Fantine séduite (l. 108-211, p. 18-22)

5 Des lignes 131 à 142, relevez tous les termes péjoratifs : sur quelles caractéristiques de madame Thénardier mettent-ils l'accent ?

6 Pourquoi Fantine veut-elle confier Cosette à madame Thénardier ?

7 Relevez quelques interventions du narrateur dans ce passage. À quel temps sont-elles rédigées ? Pourquoi ?

De Cosette à l'Alouette l. 212 à 379

Avez-vous bien lu ?

Du chap. I (p. 15) à la fin du chap. III (p. 28), il s'est écoulé :

❏ six mois ?
❏ trois ans ?
❏ cinq ans ?

Le marchandage (l. 212-254, p. 22-23)

1 Que laisse deviner la première intervention du mari de l'aubergiste ?

2 Comment se manifestent les sentiments maternels de Fantine ?

Deux figures louches (l. 255-276, chap. II, p. 23-24)

3 Repérez les références à des animaux : à quoi servent-elles ? Vous paraissent-elles bien choisies ? Pourquoi ?

L'Alouette (l. 277-379, chap. III, p. 24-28)

4 Relisez la description de Cosette (l. 360-372, p. 27) et comparez-la avec celle du chapitre I (l. 72-81, p. 17). Relevez tout ce qui a changé pour l'enfant.

5 Cherchez le sens du mot *pathétique*. Comment le narrateur souligne-t-il le caractère pathétique de la situation de Cosette ?

6 À quelle héroïne de conte célèbre Cosette vous fait-elle penser ?
Justifiez le rapprochement.

7 Expliquez le titre du Livre Quatrième : « Confier, c'est quelquefois livrer » (p. 15) et de ses trois chapitres (p. 15, 23 et 24). Quel est le rôle de ces titres ?

La déchéance de Fantine l. 380 à 630

Avez-vous bien lu ?

Fantine est conduite au poste de police :

❑ pour insultes et coups ?
❑ pour racolage ?
❑ pour vol ?

Des sacrifices inutiles (l. 380-565, chap. X, p. 28-34)

1 Comparez l'épisode des cheveux coupés et celui des dents arrachées : pourquoi peut-on dire que le premier prépare le deuxième ?

2 Quelles conséquences ces deux sacrifices ont-ils sur l'état physique et sur l'état moral de Fantine ? Quels détails sont particulièrement poignants ?

3 Que nous apprend ce chapitre sur la condition des ouvrières sous la Restauration, dans les années 1820 ?

4 Comment s'explique, selon le narrateur, le recours de Fantine à la prostitution ? Porte-t-il un jugement sur cette décision ?

Javert, un homme de devoir (l. 566-630, chap. XIII, p. 35-37)

5 Pour quelles raisons Javert condamne-t-il Fantine à la prison ? En a-t-il le droit ? Quel sentiment le guide ?

6 Quelle est l'unique préoccupation de Fantine ? Quels éléments rendent ses répliques pathétiques ?

Vers l'expression

Vocabulaire

1. Quels sont les deux sens possibles de *misérable*, à la ligne 415 (p. 30) ? Donnez un synonyme pour chaque sens.

2. *(mordre dans) les pommes de ses joues* (l. 79-80, p. 17) : comment appelle-t-on cette figure de style ? Quel élément commun est sous-entendu ?

3. Recopiez et complétez les expressions suivantes avec l'adjectif qualificatif qui convient :

. ... comme une taupe —... comme un singe —... comme un agneau —... comme une carpe —... comme un pinson.

À vous de jouer

Rédigez un début de récit « à la manière de »

À la manière de Victor Hugo, imaginez le cadre d'un récit et décrivez-le de façon à produire chez le lecteur un sentiment d'inquiétude.

Complétez un récit

Rédigez le procès-verbal de l'arrestation de Fantine tel que Javert aurait pu l'écrire, en tenant bien compte de toutes les indications du chapitre XIII, p. 35 à 37.

Du texte à l'image

Observez le tableau → voir dossier images p. I

Anders Zorn (1860-1920),
Mère et son enfant, 1899,
huile sur toile (73,7 x 57,8 cm),
musée des Beaux-Arts, Budapest.

1 Observez la position des personnages et le choix des couleurs : qu'a voulu souligner le peintre ?

2 Comment qualifieriez-vous l'expression du visage de la jeune mère ? Justifiez vos propositions.

3 D'où vient la lumière ? Quelle forme géométrique forme le groupe au premier plan ? Pourquoi se détache-t-il particulièrement de l'arrière-plan ?

4 On donne souvent comme titre à ce tableau *La Madone* : expliquez pourquoi, après avoir défini le mot *madone*.

5 Anders Zorn est considéré comme un peintre « impressionniste ». Cherchez le sens de ce mot et les principales caractéristiques de ce mouvement : les retrouvez-vous dans ce tableau ?

Depuis quelques minutes, un homme était entré sans qu'on eût pris garde[1] à lui. Il avait refermé la porte, s'y était adossé[2], et avait entendu les prières désespérées de la Fantine.

Au moment où les soldats mirent la main sur la malheureuse qui ne voulait pas se lever, il fit un pas, sortit de l'ombre et dit :

– Un instant, s'il vous plaît !

Javert leva les yeux et reconnut M. Madeleine. Il ôta son chapeau, et saluant avec une sorte de gaucherie[3] fâchée :

– Pardon, monsieur le maire…

Ce mot, monsieur le maire, fit sur la Fantine un effet étrange. Elle se dressa debout tout d'une pièce comme un spectre[4] qui sort de terre, repoussa les soldats des deux bras, marcha droit à M. Madeleine avant qu'on eût pu la retenir, et le regardant fixement, l'air égaré[5], elle cria :

– Ah ! c'est donc toi qui es monsieur le maire !

Puis elle éclata de rire et lui cracha au visage.

M. Madeleine s'essuya le visage et dit :

– Inspecteur Javert, mettez cette femme en liberté.

Javert se sentit au moment de devenir fou. […]

Fantine, elle, a cru entendre que l'ordre de la libérer venait de Javert.

– Ce monstre de maire, ce vieux gredin de maire, c'est lui qui est cause de tout. Figurez-vous, monsieur Javert, qu'il m'a chassée ! à cause d'un tas de gueuses[6] qui tiennent des propos dans l'atelier. Si ce n'est pas là une horreur ! renvoyer une pauvre fille qui fait honnêtement son ouvrage ! Alors je n'ai plus gagné assez, et tout le malheur est venu. […]

1. Qu'on ait fait attention.
2. Appuyé.
3. Maladresse.
4. Fantôme.
5. Complètement perdue.
6. Méchantes femmes.

M. Madeleine l'écoutait avec une attention profonde. Pendant qu'elle parlait, il avait fouillé dans son gilet, en avait tiré sa bourse et l'avait ouverte. Elle était vide. Il l'avait remise dans sa poche. Il dit à la Fantine :

– Combien avez-vous dit que vous deviez ?

La Fantine, qui ne regardait que Javert, se retourna de son côté :

– Est-ce que je te parle à toi !

Puis s'adressant aux soldats :

– […] Les enfants, monsieur l'inspecteur a dit qu'on me lâche, je m'en vas.

Elle mit la main sur le loquet[1]. Un pas de plus, elle était dans la rue.

Javert jusqu'à cet instant était resté debout, immobile, l'œil fixé à terre, posé de travers au milieu de cette scène comme une statue dérangée qui attend qu'on la mette quelque part.

Le bruit que fit le loquet le réveilla. Il releva la tête avec une expression d'autorité souveraine[2], expression toujours d'autant plus effrayante que le pouvoir se trouve placé plus bas, féroce chez la bête fauve, atroce chez l'homme de rien.

– Sergent, cria-t-il, vous ne voyez pas que cette drôlesse[3] s'en va ! Qui est-ce qui vous a dit de la laisser aller ?

– Moi, dit Madeleine.

La Fantine à la voix de Javert avait tremblé et lâché le loquet comme un voleur pris lâche l'objet volé. À la voix de Madeleine, elle se retourna, et à partir de ce moment, sans qu'elle prononçât un mot, sans qu'elle osât même laisser sortir son souffle librement, son regard alla tour à tour de Madeleine à Javert et de Javert à Madeleine, selon que c'était l'un ou l'autre qui parlait.

[…] Quand M. Madeleine eut dit ce *moi* qu'on vient d'en-

M. Madeleine.

1. La serrure de la porte.
2. Supérieure.
3. Femme de mauvaise vie.

tendre, on vit l'inspecteur de police Javert se tourner vers monsieur le maire, pâle, froid, les lèvres bleues, le regard désespéré, tout le corps agité d'un tremblement imperceptible[4], et, chose inouïe, lui dire, l'œil baissé, mais la voix ferme :

– Monsieur le maire, cela ne se peut pas.

– Comment ? dit M. Madeleine.

– Cette malheureuse a insulté un bourgeois.

– Inspecteur Javert, repartit M. Madeleine avec un accent conciliant[5] et calme, écoutez. Vous êtes un honnête homme, et je ne fais nulle difficulté de m'expliquer avec vous. Voici le vrai. Je passais sur la place comme vous emmeniez cette femme, il y avait encore des groupes, je me suis informé, j'ai tout su ; c'est le bourgeois qui a eu tort et qui, en bonne police, eût dû être arrêté.

Javert reprit :

– Cette misérable vient d'insulter monsieur le maire.

– Ceci me regarde, dit M. Madeleine. Mon injure est à moi peut-être. J'en puis faire ce que je veux.

– Je demande pardon à monsieur le maire. Son injure n'est pas à lui, elle est à la justice.

– Inspecteur Javert, répliqua M. Madeleine, la première justice, c'est la conscience. J'ai entendu cette femme. Je sais ce que je fais.

– Et moi, monsieur le maire, je ne sais pas ce que je vois.

– Alors contentez-vous d'obéir.

– J'obéis à mon devoir. Mon devoir veut que cette femme fasse six mois de prison.

M. Madeleine répondit avec douceur :

– Écoutez bien ceci. Elle n'en fera pas un jour.

À cette parole décisive, Javert osa regarder le maire fixement, et lui dit, mais avec un son de voix toujours profondément respectueux :

L'inspecteur Javert.

4. À peine visible.
5. Apaisant.

– Je suis au désespoir de résister à monsieur le maire, c'est la première fois de ma vie, mais il daignera[1] me permettre de lui faire observer que je suis dans la limite de mes attributions[2]. Je reste, puisque monsieur le maire le veut, dans le fait du bourgeois. J'étais là. C'est cette fille qui s'est jetée sur monsieur Bamatabois qui est électeur et propriétaire de cette belle maison à balcon qui fait le coin de l'esplanade, à trois étages et toute en pierre de taille. Enfin, il y a des choses dans ce monde ! Quoi qu'il en soit, monsieur le maire, cela, c'est un fait de police de la rue qui me regarde, et je retiens la femme Fantine.

Alors M. Madeleine croisa les bras et dit avec une voix sévère que personne dans la ville n'avait encore entendue :

– Le fait dont vous parlez est un fait de police municipale. Aux termes des articles neuf, onze, quinze et cent soixante-six du Code d'instruction criminelle, j'en suis juge. J'ordonne que cette femme soit mise en liberté.

Javert voulut tenter un dernier effort :

– Mais, monsieur le maire…

– Je vous rappelle, à vous, l'article quatre-vingt-un de la loi du 13 décembre 1799 sur la détention arbitraire[3].

– Monsieur le maire, permettez…

– Plus un mot.

– Pourtant…

– Sortez, dit M. Madeleine.

Javert reçut le coup, debout, de face, et en pleine poitrine comme un soldat russe. Il salua jusqu'à terre monsieur le maire, et sortit.

Fantine se rangea de la porte et le regarda avec stupeur[4] passer devant elle.

[…] M. Madeleine se tourna vers elle, et lui dit avec une

1. Voudra bien.
2. Droits et devoirs.
3. Mise en prison non conforme à la loi.
4. Paralysie provoquée par une violente émotion.

voix lente, ayant peine à parler comme un homme sérieux qui ne veut pas pleurer :
– Je vous ai entendue. Je ne savais rien de ce que vous avez dit. Je crois que c'est vrai, et je sens que c'est vrai. J'ignorais même que vous eussiez quitté mes ateliers. Pourquoi ne vous êtes-vous pas adressée à moi ? Mais voici : je payerai vos dettes, je ferai venir votre enfant, ou vous irez la rejoindre. Vous vivrez ici, à Paris, où vous voudrez. Je me charge de votre enfant et de vous. Vous ne travaillerez plus, si vous voulez. Je vous donnerai tout l'argent qu'il vous faudra. Vous redeviendrez honnête en redevenant heureuse. Et même, écoutez, je vous le déclare dès à présent, si tout est comme vous le dites, et je n'en doute pas, vous n'avez jamais cessé d'être vertueuse[5] et sainte devant Dieu. Oh ! pauvre femme !

C'en était plus que la pauvre Fantine n'en pouvait supporter. Avoir Cosette ! sortir de cette vie infâme ! vivre libre, riche, heureuse, honnête, avec Cosette ! voir brusquement s'épanouir au milieu de sa misère toutes ces réalités du paradis ! Elle regarda comme hébétée[6] cet homme qui lui parlait, et ne put que jeter deux ou trois sanglots : oh ! oh ! oh ! Ses jarrets[7] plièrent, elle se mit à genoux devant M. Madeleine, et, avant qu'il eût pu l'en empêcher, il sentit qu'elle lui prenait la main et que ses lèvres s'y posaient.

Puis elle s'évanouit.

M. Madeleine fait soigner Fantine, paie les Thénardier et leur demande de ramener Cosette, en vain. L'état de Fantine s'aggravant, il lui promet d'aller lui-même chercher l'enfant. Fantine signe une lettre demandant que sa fille soit remise « à la personne ». Mais M. Madeleine est brusquement obligé de se rendre à Arras pour témoigner dans un procès. À son retour le lendemain, il rend visite à Fantine, veillée par sœur Simplicie.

5. Honnête.
6. Rendue stupide.
7. Cuisses.

Livre Huitième
Contre-coup

I

« Je suis peut-être pressé »

[...]

– Puis-je voir [Fantine ? dit M. Madeleine.]

– Est-ce que monsieur le maire ne lui fera pas revenir son enfant ? dit la sœur, osant à peine hasarder[1] une question.

– Sans doute, mais il faut au moins deux ou trois jours.

– Si elle ne voyait pas monsieur le maire d'ici là, reprit timidement la sœur, elle ne saurait pas que monsieur le maire est de retour, il serait aisé de lui faire prendre patience, et quand l'enfant arriverait, elle penserait tout naturellement que monsieur le maire est arrivé avec l'enfant. On n'aurait pas de mensonge à faire.

M. Madeleine parut réfléchir quelques instants, puis il dit avec sa gravité calme :

– Non, ma sœur, il faut que je la voie. Je suis peut-être pressé.

La religieuse ne sembla pas remarquer ce mot, « peut-être », qui donnait un sens obscur et singulier[2] aux paroles de M. le Maire. Elle répondit en baissant les yeux et la voix respectueusement :

– En ce cas, elle repose, mais monsieur le maire peut entrer.

[...] [Fantine] ouvrit les yeux, le vit, et dit paisiblement, avec un sourire :

– Et Cosette ?

1. Poser timidement.
2. Étrange.

II

Fantine heureuse

[…] Avez-vous fait un bon voyage, monsieur le maire ? Oh ! comme vous êtes bon d'avoir été me la chercher ! Dites-moi seulement comment elle est. A-t-elle bien supporté la route ? Hélas ! elle ne me reconnaîtra pas ! Depuis le temps, elle m'a oubliée, pauvre chou ! Les enfants, cela n'a pas de mémoire. C'est comme des oiseaux. Aujourd'hui cela voit une chose et demain une autre, et cela ne pense plus à rien. Avait-elle du linge blanc seulement ? Ces Thénardier la tenaient-ils proprement ? Comment la nourrissait-on ? Oh ! comme j'ai souffert, si vous saviez ! de me faire toutes ces questions-là dans le temps de ma misère ! Maintenant, c'est passé ! Je suis joyeuse ! Oh ! que je voudrais donc la voir ! Monsieur le maire, l'avez-vous trouvée jolie ? N'est-ce pas qu'elle est belle, ma fille ? Vous devez avoir eu bien froid dans cette diligence ! Est-ce qu'on ne pourrait pas l'amener rien qu'un petit moment ? On la remporterait tout de suite après ! Dites ! vous qui êtes le maître, si vous vouliez !

Il lui prit la main : – Cosette est belle, dit-il, Cosette se porte bien, vous la verrez bientôt, mais apaisez-vous[3]. Vous parlez trop vivement, et puis vous sortez vos bras du lit, et cela vous fait tousser.

En effet des quintes de toux interrompaient Fantine presque à chaque mot.

Fantine ne murmura pas, elle craignait d'avoir compromis[4] par quelques plaintes trop passionnées la confiance qu'elle voulait inspirer, et elle se mit à dire des paroles indifférentes.

3. Calmez-vous.
4. Affaibli.

– C'est assez joli, Montfermeil, n'est-ce pas ? L'été, on va y faire des parties de plaisir[1]. Ces Thénardier font-ils de bonnes affaires ? Il ne passe pas grand monde dans leur pays. C'est une espèce de gargote que cette auberge-là.

M. Madeleine lui tenait toujours la main, il la considérait avec anxiété ; il était évident qu'il était venu pour lui dire des choses devant lesquelles sa pensée hésitait maintenant. [...]

Tout à coup elle cessa de parler, cela lui fit lever machinalement la tête. Fantine était devenue effrayante.

Elle ne parlait plus, elle ne respirait plus ; elle s'était soulevée à demi sur son séant[2], son épaule maigre sortait de sa chemise, son visage, radieux le moment d'auparavant, était blême[3], et elle paraissait fixer sur quelque chose de formidable[4], devant elle, à l'autre extrémité de la chambre, son œil agrandi par la terreur.

– Mon Dieu ! s'écria-t-il. Qu'avez-vous, Fantine ?

Elle ne répondit pas, elle ne quitta point des yeux l'objet quelconque qu'elle semblait voir, elle lui toucha le bras d'une main et de l'autre lui fit signe de regarder derrière lui.

Il se retourna, et vit Javert.

Le procès auquel s'est rendu le maire à Arras est celui d'un certain Champmathieu, pauvre homme qui affirme être en réalité un forçat évadé, Jean Valjean. Informé de cette affaire par Javert, qui traque ce forçat depuis des années, M. Madeleine est confronté à un cas de conscience : soit il laisse condamner un innocent et reste le maire et le bienfaiteur de sa commune, soit il se dénonce – car il est bien Jean Valjean – et il retourne au bagne dont il s'est évadé.

Il choisit finalement de dire la vérité au tribunal, puis il revient à Montreuil-sur-mer voir Fantine. Pendant ce temps les juges déclarent Champmathieu innocent et donnent l'ordre d'arrêter M. Madeleine.

Le passé de M. Madeleine

Le bienfaiteur de Fantine est en réalité Jean Valjean qui a passé 20 ans au bagne, d'abord pour avoir volé un pain destiné à nourrir ses neveux, puis pour avoir tenté de s'évader. Recherché pour un autre vol, il avait disparu depuis huit ans. Il avait refait sa vie en devenant M. Madeleine. L'inspecteur Javert, ancien gardien au bagne de Toulon, nourrissait depuis longtemps des soupçons sur l'identité du maire de Montreuil-sur-mer.

1. Petites excursions divertissantes.
2. À demi assise.
3. D'une extrême pâleur.
4. Terrifiant.

III

Javert content

[…] L'ordre d'arrestation fut donc expédié. L'avocat général l'envoya à Montreuil-sur-mer par un exprès[5], à franc étrier[6], et en chargea l'inspecteur de police Javert.

On sait que Javert était revenu à Montreuil-sur-mer immédiatement après avoir fait sa déposition[7].

Javert se levait au moment où l'exprès lui remit l'ordre d'arrestation et le mandat d'amener[8]. L'exprès était lui-même un homme de police fort entendu[9] qui, en deux mots, mit Javert au fait[10] de ce qui était arrivé à Arras. L'ordre d'arrestation, signé de l'avocat général[11], était ainsi conçu : « L'inspecteur Javert appréhendera au corps[12] le sieur Madeleine, maire de Montreuil-sur-mer, qui, dans l'audience de ce jour, a été reconnu pour être le forçat libéré Jean Valjean. » […]

Arrivé à la chambre de Fantine, Javert tourna la clef, poussa la porte avec une douceur de garde-malade ou de mouchard[13], et entra.

À proprement parler, il n'entra pas. Il se tint debout dans la porte entrebâillée, le chapeau sur la tête, la main gauche dans sa redingote[14] fermée jusqu'au menton. Dans le pli du coude on pouvait voir le pommeau[15] de plomb de son énorme canne, laquelle disparaissait derrière lui.

Il resta ainsi près d'une minute sans qu'on s'aperçût de sa présence. Tout à coup Fantine leva les yeux, le vit et fit retourner M. Madeleine.

À l'instant où le regard de Madeleine rencontra le regard de Javert, Javert, sans bouger, sans remuer, sans approcher,

5. Messager porteur d'un message urgent.
6. Sans s'arrêter aux relais de poste pour changer de cheval.
7. Son témoignage au tribunal.
8. D'arrêter.
9. Compétent.
10. Au courant.
11. Assistant du procureur, qui représente l'État.
12. Arrêtera.
13. Indicateur de police *(familier et péjoratif)*.
14. Longue veste.
15. La poignée.

devint épouvantable. Aucun sentiment humain ne réussit à être effroyable comme la joie.

Ce fut le visage d'un démon qui vient de retrouver son damné[1].

La certitude de tenir enfin Jean Valjean fit apparaître sur sa physionomie tout ce qu'il avait dans l'âme. Le fond remué monta à la surface. L'humiliation d'avoir un peu perdu la piste et de s'être mépris[2] quelques minutes sur ce Champmathieu, s'effaçait sous l'orgueil d'avoir si bien deviné d'abord et d'avoir eu si longtemps un instinct juste. Le contentement de Javert éclata dans son attitude souveraine[3]. La difformité[4] du triomphe s'épanouit sur ce front étroit. Ce fut tout le déploiement d'horreur que peut donner une figure satisfaite. [...]

IV

L'autorité reprend ses droits

La Fantine n'avait point vu Javert depuis le jour où M. le maire l'avait arrachée à cet homme. Son cerveau malade ne se rendit compte de rien, seulement elle ne douta pas qu'il ne revînt[5] la chercher. Elle ne put supporter cette figure affreuse, elle se sentit expirer[6], elle cacha son visage de ses deux mains et cria avec angoisse :

– Monsieur Madeleine, sauvez-moi !

Jean Valjean, – nous ne le nommerons plus désormais autrement, – s'était levé. Il dit à Fantine de sa voix la plus douce et la plus calme :

1. Condamné par le diable.
2. Trompé.
3. Toute-puissante.
4. Monstruosité.
5. Fut sûre qu'il revenait.
6. Mourir.

– Soyez tranquille. Ce n'est pas pour vous qu'il vient.

Puis il s'adressa à Javert et lui dit :

– Je sais ce que vous voulez.

Javert répondit :

– Allons, vite !

Il y eut dans l'inflexion[7] qui accompagna ces deux mots je ne sais quoi de fauve et de frénétique[8]. Javert ne dit pas : « Allons, vite ! » il dit : « Allonouaite ! » Aucune orthographe ne pourrait rendre l'accent dont cela fut prononcé ; ce n'était plus une parole humaine, c'était un rugissement. [...]

Alors [Fantine] vit une chose inouïe[9], tellement inouïe que jamais rien de pareil ne lui était apparu dans les plus noirs délires de la fièvre. Elle vit le mouchard Javert saisir au collet monsieur le maire ; elle vit monsieur le maire courber la tête. Il lui sembla que le monde s'évanouissait.

Javert, en effet, avait pris Jean Valjean au collet[10].

– Monsieur le maire ! cria Fantine.

Javert éclata de rire, de cet affreux rire qui lui déchaussait[11] toutes les dents.

– Il n'y a plus de monsieur le maire ici !

Jean Valjean n'essaya pas de déranger la main qui tenait le col de sa redingote. Il dit :

– Javert...

Javert l'interrompit :

– Appelle-moi monsieur l'inspecteur.

– Monsieur, reprit Jean Valjean, je voudrais vous dire un mot en particulier.

– Tout haut ! parle tout haut ! répondit Javert ; on me parle tout haut à moi !

Jean Valjean continua en baissant la voix :

– C'est une prière que j'ai à vous faire...

7. Le ton.
8. Violent.
9. Incroyable.
10. Au col.
11. Découvrait.

– Je te dis de parler tout haut.

– Mais cela ne doit être entendu que de vous seul…

– Qu'est-ce que cela me fait ? je n'écoute pas !

Jean Valjean se tourna vers lui et lui dit rapidement et très bas :

– Accordez-moi trois jours ! trois jours pour aller chercher l'enfant de cette malheureuse femme ! Je paierai ce qu'il faudra. Vous m'accompagnerez, si vous voulez.

– Tu veux rire ! cria Javert. Ah çà ! Je ne te croyais pas bête ! Tu me demandes trois jours pour t'en aller ! Tu dis que c'est pour aller chercher l'enfant de cette fille ! Ah ! ah ! c'est bon ! Voilà qui est bon !

Fantine eut un tremblement.

– Mon enfant ! s'écria-t-elle, aller chercher mon enfant ! Elle n'est donc pas ici ! Ma sœur, répondez-moi, où est Cosette ? Je veux mon enfant ! Monsieur Madeleine ! monsieur le maire !

Javert frappa du pied.

– Voilà l'autre à présent ! Te tairas-tu, drôlesse ! Gredin de pays[1] où les galériens[2] sont magistrats et où les filles publiques sont soignées comme des comtesses ! Ah mais ! tout ça va changer ; il était temps !

Il regarda fixement Fantine et ajouta en reprenant à poignée la cravate, la chemise et le collet de Jean Valjean :

– Je te dis qu'il n'y a point de monsieur Madeleine et qu'il n'y a point de monsieur le maire. Il y a un voleur, il y a un brigand, il y a un forçat appelé Jean Valjean ! C'est lui que je tiens ! voilà ce qu'il y a !

Fantine se dressa en sursaut, appuyée sur ses bras roides[3] et sur ses deux mains, elle regarda Jean Valjean, elle regarda Javert, elle regarda la religieuse, elle ouvrit la bouche comme pour parler, un râle[4] sortit du fond de sa gorge, ses dents cla-

1. Maudit pays.
2. Bagnards.
3. Raides.
4. Gémissement de souffrance, au moment de la mort.

quèrent, elle étendit les bras avec angoisse, ouvrant convulsivement[5] les mains, et cherchant autour d'elle comme quelqu'un qui se noie, puis elle s'affaissa[6] subitement sur l'oreiller. Sa tête heurta le chevet[7] du lit et vint retomber sur sa poitrine, la bouche béante[8], les yeux ouverts et éteints.

Elle était morte.

Jean Valjean posa sa main sur la main de Javert qui le tenait, et l'ouvrit comme il eût ouvert la main d'un enfant, puis il dit à Javert :

– Vous avez tué cette femme.

– Finirons-nous ! cria Javert furieux. Je ne suis pas ici pour entendre des raisons. Économisons tout ça. La garde est en bas. Marchons tout de suite, ou les poucettes[9] !

Il y avait dans un coin de la chambre un vieux lit en fer en assez mauvais état qui servait de lit de camp aux sœurs quand elles veillaient. Jean Valjean alla à ce lit, disloqua[10] en un clin d'œil le chevet déjà fort délabré[11], chose facile à des muscles comme les siens, saisit à poigne-main la maîtresse-tringle[12], et considéra[13] Javert. Javert recula vers la porte.

Jean Valjean, sa barre de fer au poing, marcha lentement vers le lit de Fantine. Quand il y fut parvenu, il se retourna et dit à Javert d'une voix qu'on entendait à peine :

– Je ne vous conseille pas de me déranger en ce moment.

Ce qui est certain, c'est que Javert tremblait.

Il eut l'idée d'aller appeler la garde, mais Jean Valjean pouvait profiter de cette minute pour s'évader. Il resta donc, saisit sa canne par le petit bout, et s'adossa au chambranle[14] de la porte sans quitter du regard Jean Valjean.

Jean Valjean posa son coude sur la pomme[15] du chevet du lit et son front sur sa main, et se mit à contempler Fantine immobile et étendue. Il demeura ainsi, absorbé, muet, et ne

5. Avec des mouvements incontrôlés.
6. Tomba.
7. La tête du lit.
8. Grande ouverte.
9. Menottes.
10. Cassa.
11. En mauvais état.
12. Barre la plus grosse.
13. Regarda attentivement.
14. Montant.
15. Petite boule au sommet d'un montant de lit.

songeant évidemment plus à aucune chose de cette vie. Il n'y avait plus rien sur son visage et dans son attitude qu'une inexprimable pitié. Après quelques instants de cette rêverie, il se pencha vers Fantine et lui parla à voix basse.

Que lui dit-il ? Que pouvait dire cet homme qui était réprouvé[16] à cette femme qui était morte ? Qu'était-ce que ces paroles ? Personne sur la terre ne les a entendues. La morte les entendit-elle ? Il y a des illusions touchantes qui sont peut-être des réalités sublimes[17]. Ce qui est hors de doute, c'est que la sœur Simplicie, unique témoin de la chose qui se passait, a souvent raconté qu'au moment où Jean Valjean parla à l'oreille de Fantine, elle vit distinctement poindre[18] un ineffable[19] sourire sur ces lèvres pâles et dans ces prunelles vagues, pleines de l'étonnement du tombeau.

Jean Valjean prit dans ses deux mains la tête de Fantine et l'arrangea sur l'oreiller comme une mère eût fait pour son enfant, il lui rattacha le cordon de sa chemise et rentra ses cheveux sous son bonnet. Cela fait, il lui ferma les yeux.

La face de Fantine en cet instant semblait étrangement éclairée. La mort, c'est l'entrée dans la grande lueur.

La main de Fantine pendait hors du lit. Jean Valjean s'agenouilla devant cette main, la souleva doucement et la baisa.

Puis il se redressa, et se tournant vers Javert :

– Maintenant, dit-il, je suis à vous.

Jean Valjean parvient à s'évader de la prison de la ville. Après avoir pris des dispositions pour l'enterrement de Fantine, avec la complicité de sœur Simplicie, il échappe à Javert et disparaît.

16. Rejeté par la société.
17. Exceptionnelles.
18. Apparaître.
19. Impossible à décrire avec des mots.

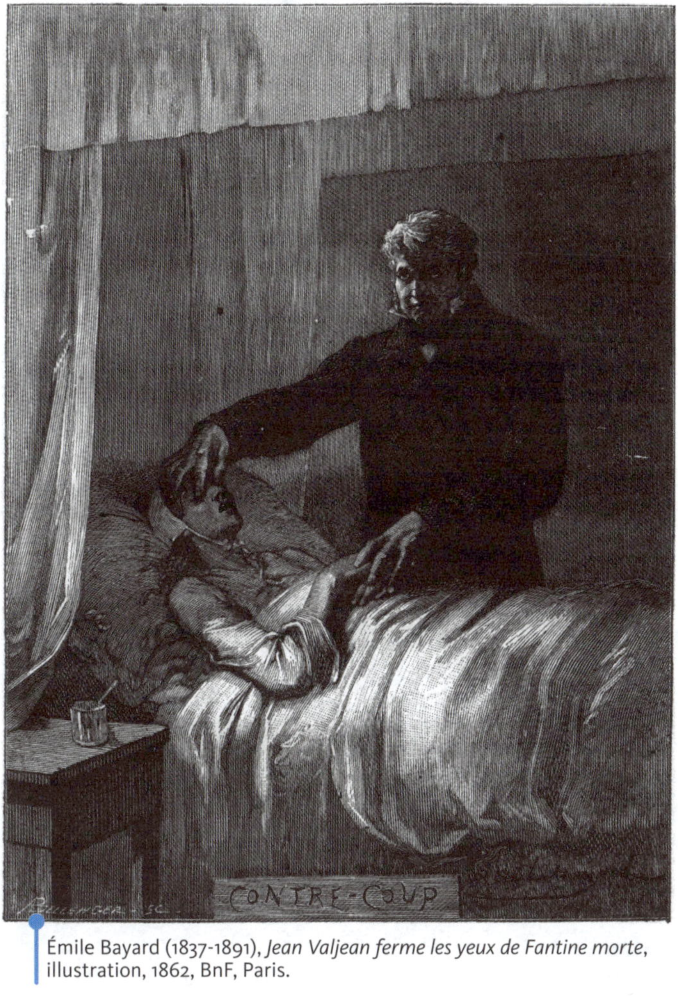

Émile Bayard (1837-1891), *Jean Valjean ferme les yeux de Fantine morte*, illustration, 1862, BnF, Paris.

Pause lecture 2

Deuxième partie : Fantine (2)

De M. Madeleine à Jean Valjean

Fantine sauvée l. 1 à 146

Avez-vous bien lu ?

Après avoir entendu Fantine, M. Madeleine :

- ❑ lui donne de l'argent.
- ❑ demande qu'elle soit libérée.
- ❑ la réintègre dans ses ateliers.

Coup de théâtre (l. 1-59, p. 43-44)

1 Quels effets produit sur Fantine l'intervention du maire ? Pourquoi croit-elle que c'est Javert qui a demandé de la relâcher ?

2 Pour quelle raison Javert reste-t-il « comme une statue » (l. 44-45) ?

Deux conceptions de la justice (l. 60-146, p. 44-47)

3 Est-il facile pour Javert de s'opposer au maire ? Quels indices nous le montrent ?

4 Quel reproche est sous-entendu dans l'expression « en bonne police » (l. 73) ? Que veut dire Javert par : « je ne sais pas ce que je vois ? » (l. 83).

5 Sur quelles conceptions de la justice les deux hommes s'opposent-ils ? Quelles formules les résument ?

6 Pourquoi M. Madeleine prend-il Fantine en charge ? Que veut-il dire en affirmant qu'elle est restée « vertueuse et sainte devant Dieu » ? (l. 136)

« Et Cosette ? » l. 147 à 238

Avez-vous bien lu ?

Quand il rend visite à Fantine, M. Madeleine revient :

❏ de Montreuil-sur-mer ?

❏ de Montfermeil ?

❏ d'Arras ?

Un mot mystérieux (l. 147-165, p. 48)

1 Pourquoi sœur Simplicie veut-elle éviter un mensonge ? Pourquoi M. Madeleine y recourt-il quand même ?

2 Que laisse entendre la formule « Je suis peut-être pressé » (l. 160) ? À quoi le lecteur peut-il s'attendre ?

Fantine heureuse (l. 166-214, p. 48-50)

3 Que traduit la ponctuation dans les propos rapportés de Fantine ? Qu'y a-t-il de pathétique dans ses préoccupations ? Mais qui le sait ?

4 Pourquoi le narrateur ne révèle-t-il pas les « choses » (l. 201) que M. Madeleine hésite à dire ? Que peut supposer le lecteur ?

5 Comment le narrateur crée-t-il le suspense des lignes 202 à 214 ?

Javert content (l. 215-238, p. 51)

6 Pourquoi Javert reste-t-il « dans la porte entrebâillée » (l. 231-232) avant d'intervenir ? Justifiez le titre du chapitre III.

Le face-à-face l. 239 à 382

Avez-vous bien lu ?

Pour arrêter Jean Valjean, Javert :

- ❏ lui passe les menottes ?
- ❏ appelle la garde ?
- ❏ le saisit au collet ?

Une joie « effroyable » (l. 239-254, p. 51-52)

1 Pourquoi Javert éprouve-t-il une joie aussi violente ?

2 Quels termes nous renseignent sur ce que le narrateur pense du personnage ?

« L'autorité reprend ses droits » (l. 255-354, p. 52-55)

3 Quelle importance prennent les dénominations (noms, titres) des lignes 261 à 322 ? Pourquoi peut-on dire qu'elles rendent à « l'autorité » ses « droits » ?

4 Quelles sont les causes de la mort de Fantine ? Comment et pourquoi Jean Valjean parvient-il à imposer sa volonté à Javert ?

« Une inexprimable pitié » (l. 355-382, p. 55-56)

5 Comment comprenez-vous l'expression « ne songeant évidemment plus à aucune chose de cette vie » (l. 357-358) ?

6 Comment l'épisode de « l'ineffable sourire » de Fantine (l. 370) pourrait-il être interprété ? Pourquoi le récit de cette vision est-il attribué à la sœur Simplicie ?

7 À quel passage des chapitres précédents les lignes 378-380 font-elles penser ? Quelle peut être la signification de ce geste ?

Vers l'expression

Vocabulaire

1. Comparez et justifiez l'orthographe de *évidemment* (l. 358) et *étrangement* (l. 376). Formez les adverbes dérivés des adjectifs :
calme – prudent – naturel – paisible – décent.
2. Cherchez l'étymologie des mots *imperceptible* (l. 63) – *inouïe* (l. 64) – *ineffable* (l. 370). Quel est le sens de leur préfixe ?
3. Quelle différence faites-vous entre *je crois* et *je sens*, à la ligne 126 ? Réécrivez la phrase en remplaçant ces deux verbes par des expressions synonymes.

À vous de jouer

Transposez un passage en scène de théâtre

Transformez les lignes 607, p. 36 à 146, p. 47 en texte de théâtre (répliques et brèves didascalies). Apprenez la scène par cœur et jouez-la.

Écrivez une scène d'affrontement

Imaginez dans le monde d'aujourd'hui une scène d'affrontement entre deux personnes (délégué de classe/professeur – parent d'élève/entraîneur sportif – délégué syndical/patron – contrôleur/passager en règle – éducateur/vigile, etc.) à propos d'une troisième personne mise en cause (élève – jeune sportif – employé – voyageur sans billet – voleur à l'étalage, etc.). Rapportez la scène en faisant clairement comprendre à qui va la sympathie du narrateur.

Du texte à l'image

Observez le tableau ➔ voir dossier images p. II

Pablo Picasso (1881-1973),
Femme assise, 1905,
huile sur toile,
Staatsgalerie, Stuttgart.

1. Énumérez de gauche à droite ce que vous voyez précisément sur l'image. Quelles impressions produit ce tableau ?
2. Dans quelle figure géométrique pouvez-vous enfermer le personnage ? Quel est l'effet créé ?
3. Citez les couleurs employées : sont-elles chaudes ou froides ? Pourquoi ce choix ?
4. Comparez la position du personnage et son visage avec celui du tableau de Zorn, p. I : les deux peintres s'intéressent-ils aux mêmes éléments ?
5. Cette image vous paraît-elle bien choisie pour faire écho au personnage de Fantine dans *Les Misérables* ? Pourquoi ?
6. Cherchez d'autres tableaux de Picasso comportant les mots *Femme assise* dans leur titre. Classez-les par dates. Que remarquez-vous ?

Livre Troisième

Accomplissement de la promesse faite à la morte

I

La question de l'eau à Montfermeil

Montfermeil est situé entre Livry et Chelles, sur la lisière méridionale[1] de ce haut plateau qui sépare l'Ourcq de la Marne. Aujourd'hui c'est un assez gros bourg, orné, toute l'année, de villas en plâtre, et, le dimanche, de bourgeois épanouis. En 1823, il n'y avait à Montfermeil ni tant de maisons blanches ni tant de bourgeois satisfaits. […] C'était un endroit paisible et charmant, qui n'était sur la route de rien ; on y vivait à bon marché de cette vie paysanne si abondante et si facile. Seulement l'eau y était rare à cause de l'élévation du plateau.

Il fallait aller la chercher assez loin. Le bout du village qui est du côté de Gagny puisait son eau aux magnifiques étangs qu'il y a là dans les bois ; l'autre bout, qui entoure l'église et qui est du côté de Chelles, ne trouvait d'eau potable qu'à une petite source à mi-côte, près de la route de Chelles, à environ un quart d'heure de Montfermeil.

C'était donc une assez rude besogne[2] pour chaque ménage que cet approvisionnement de l'eau. Les grosses maisons, l'aristocratie[3], la gargote Thénardier en faisait partie, payaient un

1. Sud.
2. Travail.
3. Les riches.

liard[1] par seau d'eau à un bonhomme dont c'était l'état[2] et qui gagnait à cette entreprise des eaux de Montfermeil environ huit sous par jour; mais ce bonhomme ne travaillait que jusqu'à sept heures du soir l'été et jusqu'à cinq heures l'hiver, et une fois la nuit venue, une fois les volets des rez-de-chaussée clos[3], qui n'avait pas d'eau à boire en allait chercher ou s'en passait.

C'était là la terreur de ce pauvre être que le lecteur n'a peut-être pas oublié, de la petite Cosette. On se souvient que Cosette était utile aux Thénardier de deux manières, ils se faisaient payer par la mère et ils se faisaient servir par l'enfant. Aussi quand la mère cessa tout à fait de payer, on vient de lire pourquoi dans les chapitres précédents, les Thénardier gardèrent Cosette. Elle leur remplaçait une servante. En cette qualité, c'était elle qui courait chercher de l'eau quand il en fallait. Aussi l'enfant, fort épouvantée de l'idée d'aller à la source la nuit, avait-elle grand soin que l'eau ne manquât jamais à la maison.

La Noël de l'année 1823 fut particulièrement brillante à Montfermeil. Le commencement de l'hiver avait été doux; il n'avait encore ni gelé ni neigé. Des bateleurs[4] venus de Paris avaient obtenu de M. le maire la permission de dresser leurs baraques dans la grande rue du village, et une bande de marchands ambulants avait, sous la même tolérance, construit ses échoppes[5] sur la place de l'Église et jusque dans la ruelle du Boulanger, où était située, on s'en s'ouvient peut-être, la gargote des Thénardier. Cela emplissait les auberges et les cabarets, et donnait à ce petit pays tranquille une vie bruyante et joyeuse. [...]

Dans la soirée même de Noël, plusieurs hommes, rouliers[6] et colporteurs[7], étaient attablés et buvaient autour de

1. Petite monnaie valant le quart d'un sou. L'homme doit transporter 32 seaux par jour pour gagner 8 sous.
2. Le métier.
3. Fermés.
4. Forains.
5. Petites boutiques en planches.
6. Transporteurs de marchandises.
7. Marchands ambulants.

quatre ou cinq chandelles dans la salle basse de l'auberge Thénardier. [...]

Cosette était à sa place ordinaire, assise sur la traverse[8] de la table de cuisine près de la cheminée. Elle était en haillons[9], elle avait ses pieds nus dans des sabots, et elle tricotait à la lueur du feu des bas de laine destinés aux petites Thénardier. Un tout jeune chat jouait sous les chaises. On entendait rire et jaser[10] dans une pièce voisine deux fraîches voix d'enfants; c'était Éponine et Azelma.

Au coin de la cheminée, un martinet[11] était suspendu à un clou.

Par intervalles, le cri d'un très jeune enfant, qui était quelque part dans la maison, perçait au milieu du bruit du cabaret. C'était un petit garçon que la Thénardier avait eu un des hivers précédents, – « sans savoir pourquoi, disait-elle, effet du froid », – et qui était âgé d'un peu plus de trois ans. La mère l'avait nourri, mais ne l'aimait pas. Quand la clameur acharnée du mioche[12] devenait trop importune[13] :
– Ton fils piaille[14], disait Thénardier, va donc voir ce qu'il veut. – Bah! répondait la mère, il m'ennuie. – Et le petit abandonné continuait de crier dans les ténèbres[15].

II

Deux portraits complétés

On n'a encore aperçu dans ce livre les Thénardier que de profil; le moment est venu de tourner autour de ce couple et de le regarder sous toutes ses faces.

8. Planche transversale qui maintient les pieds de la table.
9. Vêtements troués.
10. Bavarder.
11. Petit fouet.
12. Petit enfant *(familier)*.
13. Gênante et fatigante.
14. Pousse des cris aigus.
15. L'obscurité.

Thénardier venait de dépasser ses cinquante ans; madame Thénardier touchait à la quarantaine, qui est la cinquantaine de la femme; de façon qu'il y avait équilibre d'âge entre la femme et le mari.

Les lecteurs ont peut-être, dès sa première apparition, conservé quelque souvenir de cette Thénardier grande, blonde, rouge, grasse, charnue, carrée, énorme et agile; elle tenait, nous l'avons dit, de la race de ces sauvagesses colosses[1] qui se cambrent dans les foires avec des pavés pendus à leur chevelure. Elle faisait tout dans le logis, les lits, les chambres, la lessive, la cuisine, la pluie, le beau temps, le diable. Elle avait pour tout domestique Cosette; une souris au service d'un éléphant. Tout tremblait au son de sa voix, les vitres, les meubles et les gens. Son large visage, criblé[2] de taches de rousseur, avait l'aspect d'une écumoire[3]. Elle avait de la barbe. C'était l'idéal d'un fort de la halle[4] habillé en fille. Elle jurait[5] splendidement; elle se vantait de casser une noix d'un coup de poing. Sans les romans qu'elle avait lus, et qui, par moments, faisaient bizarrement reparaître la mijaurée[6] sous l'ogresse, jamais l'idée ne fût venue à personne de dire d'elle : c'est une femme. Cette Thénardier était comme le produit de la greffe d'une donzelle[7] sur une poissarde[8]. Quand on l'entendait parler, on disait : C'est un gendarme; quand on la regardait boire, on disait : C'est un charretier[9]; quand on la voyait manier Cosette, on disait : C'est le bourreau. Au repos, il lui sortait de la bouche une dent.

Le Thénardier était un homme petit, maigre, blême, anguleux, osseux, chétif, qui avait l'air malade et qui se portait à merveille; sa fourberie[10] commençait là. Il souriait habituellement par précaution, et était poli à peu près avec tout le monde, même avec le mendiant auquel il refusait un liard[11]. Il avait le regard d'une fouine[12] et la mine d'un

1. Géantes.
2. Parsemé.
3. Instrument de cuisine percé de trous.
4. Employé des Halles, immense marché au cœur de Paris.
5. Prononçait des jurons ou gros mots.
6. Jeune femme sentimentale.
7. Demoiselle *(familier)*.
8. Marchande de poissons, grossière et insolente.
9. Conducteur de charrettes.
10. Ruse.
11. Voir note 1, p. 64.
12. Petit animal carnassier, au museau allongé.

homme de lettres. […] Du reste fort escroc. Un *filousophe*. Cette nuance existe. On se souvient qu'il prétendait avoir servi[13] ; il contait avec quelque luxe qu'à Waterloo, étant sergent dans un 6e ou un 9e léger quelconque, il avait, seul contre un escadron[14] de hussards de la Mort[15], couvert de son corps et sauvé à travers la mitraille[16] « un général dangereusement blessé ». De là, venait, pour son mur, sa flamboyante enseigne, et, pour son auberge, dans le pays, le nom de « cabaret du sergent de Waterloo ». […]

Tout nouveau venu qui entrait dans la gargote disait en voyant la Thénardier : Voilà le maître de la maison. Erreur. Elle n'était même pas la maîtresse. Le maître et la maîtresse, c'était le mari. Elle faisait, il créait. Il dirigeait tout par une sorte d'action magnétique[17] invisible et continuelle. Un mot lui suffisait, quelquefois un signe ; le mastodonte[18] obéissait.

[…] Cette femme était une créature formidable[19] qui n'aimait que ses enfants et ne craignait que son mari. Elle était mère parce qu'elle était mammifère. Du reste, sa maternité s'arrêtait à ses filles, et, comme on le verra, ne s'étendait pas jusqu'aux garçons. Lui, l'homme, n'avait qu'une pensée : s'enrichir.

Il n'y réussissait point. Un digne théâtre manquait à ce grand talent. Thénardier à Montfermeil se ruinait, si la ruine est possible à zéro ; en Suisse ou dans les Pyrénées, ce sans-le-sou serait devenu millionnaire. Mais où le sort attache l'aubergiste, il faut qu'il broute.

On comprend que le mot *aubergiste* est employé ici dans un sens restreint, et qui ne s'étend pas à une classe entière.

En cette même année 1823, Thénardier était endetté d'environ quinze cents francs de dettes criardes[20], ce qui le rendait soucieux.

Thénardier à Waterloo

Thénardier est effectivement présent à Waterloo le 18 juin 1815. Il sauve un officier, non pas sous le feu, mais en le tirant d'un fossé plein de cadavres. Il l'a découvert… en volant des objets précieux aux soldats morts restés sur le champ de bataille.

13. Avoir été soldat.
14. Troupe de cavaliers armés.
15. Cavaliers prussiens dont l'uniforme était décoré d'une tête de mort.
16. Les balles.
17. Semblable à celle d'un aimant.
18. Géant, ici sa femme.
19. Effrayante.
20. Sans cesse réclamées.

Quelle que fût envers lui l'injustice opiniâtre[1] de la destinée, le Thénardier était un des hommes qui comprenaient le mieux, avec le plus de profondeur et de la façon la plus moderne, cette chose qui est une vertu[2] chez les peuples barbares et une marchandise chez les peuples civilisés, l'hospitalité. Du reste braconnier[3] admirable et cité pour son coup de fusil. Il avait un certain rire froid et paisible qui était particulièrement dangereux.

Ses théories d'aubergiste jaillissaient quelquefois de lui par éclairs. Il avait des aphorismes[4] professionnels qu'il insérait dans l'esprit de sa femme. – « Le devoir de l'aubergiste, lui disait-il un jour violemment et à voix basse, c'est de vendre au premier venu du fricot[5], du repos, de la lumière, du feu, des draps sales, de la bonne, des puces, du sourire ; d'arrêter les passants, de vider les petites bourses et d'alléger honnêtement les grosses, d'abriter avec respect les familles en route, de râper l'homme, de plumer la femme, d'éplucher l'enfant ; de coter[6] la fenêtre ouverte, la fenêtre fermée, le coin de la cheminée, le fauteuil, la chaise, le tabouret, l'escabeau, le lit de plume, le matelas et la botte de paille ; de savoir de combien l'ombre use le miroir et de tarifer[7] cela, et, par les cinq cent mille diables, de faire tout payer au voyageur, jusqu'aux mouches que son chien mange ! »

Cet homme et cette femme, c'était ruse et rage mariés ensemble, attelage hideux et terrible.

Pendant que le mari ruminait et combinait, la Thénardier, elle, ne pensait pas aux créanciers absents, n'avait souci d'hier ni de demain, et vivait avec emportement[8], toute dans la minute.

Tels étaient ces deux êtres. Cosette était entre eux, subissant leur double pression, comme une créature qui serait à la

1. Persistante.
2. Qualité.
3. Chasseur illégal.
4. Maximes ou dictons.
5. De la nourriture cuisinée sans raffinement.
6. Déterminer la valeur.
7. Fixer le prix.
8. Passion.

fois broyée par une meule[9] et déchiquetée par une tenaille[10]. L'homme et la femme avaient chacun une manière différente; Cosette était rouée de coups, cela venait de la femme; elle allait pieds nus l'hiver; cela venait du mari.

Cosette montait, descendait, lavait, brossait, frottait, balayait, courait, trimait[11], haletait[12], remuait des choses lourdes, et, toute chétive, faisait les grosses besognes. Nulle pitié; une maîtresse farouche, un maître venimeux. La gargote Thénardier était comme une toile où Cosette était prise et tremblait. L'idéal de l'oppression était réalisé par cette domesticité sinistre. C'était quelque chose comme la mouche servante des araignées.

La pauvre enfant, passive, se taisait.

Quand elles se trouvent ainsi, dès l'aube, toutes petites, toutes nues, parmi les hommes, que se passe-t-il dans ces âmes qui viennent de quitter Dieu?

III

Il faut du vin aux hommes et de l'eau aux chevaux

Il était arrivé quatre nouveaux voyageurs.

Cosette songeait tristement; car, quoiqu'elle n'eût que huit ans, elle avait déjà tant souffert qu'elle rêvait avec l'air lugubre[13] d'une vieille femme.

Elle avait la paupière noire d'un coup de poing que la Thénardier lui avait donné, ce qui faisait de temps en temps dire à la Thénardier : – Est-elle laide avec son pochon[14] sur l'œil!

9. Énorme pierre pour réduire le grain en farine.
10. Grosse pince.
11. Travaillait dur.
12. Respirait très vite sous l'effet de la fatigue.
13. Triste comme la mort.
14. Bleu *(populaire et vieilli)*.

Cosette pensait donc qu'il était nuit, très nuit, qu'il avait fallu remplir à l'improviste[1] les pots et les carafes dans les chambres des voyageurs survenus, et qu'il n'y avait plus d'eau dans la fontaine[2].

Ce qui la rassurait un peu, c'est qu'on ne buvait pas beaucoup d'eau dans la maison Thénardier. Il ne manquait pas là de gens qui avaient soif; mais c'était de cette soif qui s'adresse plus volontiers au broc[3] qu'à la cruche[4]. Qui eût demandé un verre d'eau parmi ces verres de vin eût semblé un sauvage à tous ces hommes. Il y eut pourtant un moment où l'enfant trembla : la Thénardier souleva le couvercle d'une casserole qui bouillait sur le fourneau[5], puis saisit un verre et s'approcha vivement de la fontaine. Elle tourna le robinet, l'enfant avait levé la tête et suivait tous ses mouvements. Un maigre filet d'eau coula du robinet et remplit le verre à moitié.

– Tiens, dit-elle, il n'y a plus d'eau !

Puis elle eut un moment de silence. L'enfant ne respirait pas.

– Bah, reprit la Thénardier en examinant le verre à demi plein, il y en aura assez comme cela.

Cosette se remit à son travail, mais pendant plus d'un quart d'heure elle sentit son cœur sauter comme un gros flocon dans sa poitrine. Elle comptait les minutes qui s'écoulaient ainsi, et eût bien voulu être au lendemain matin.

De temps en temps, un des buveurs regardait dans la rue et s'exclamait : – Il fait noir comme dans un four ! – ou : – Il faut être chat pour aller dans la rue sans lanterne à cette heure-ci ! – Et Cosette tressaillait.

Tout à coup, un des marchands colporteurs logés dans l'auberge entra, et dit d'une voix dure :

– On n'a pas donné à boire à mon cheval.

– Si fait[6] vraiment, dit la Thénardier.

1. Au dernier moment.
2. Réserve d'eau.
3. Récipient destiné au vin.
4. Carafe destinée à l'eau.
5. La cuisinière.
6. Mais si !

– Je vous dis que non, la mère, reprit le marchand.

Cosette était sortie de dessous la table.

– Oh ! si ! monsieur ! dit-elle, le cheval a bu, il a bu dans le seau, plein le seau, et même que c'est moi qui lui ai porté à boire, et je lui ai parlé.

Cela n'était pas vrai. Cosette mentait.

– En voilà une qui est grosse comme le poing et qui ment gros comme la maison, s'écria le marchand. Je te dis qu'il n'a pas bu, petite drôlesse ! Il a une manière de souffler quand il n'a pas bu que je connais bien.

Cosette persista, et ajouta d'une voix enrouée par l'angoisse et qu'on entendait à peine :

– Et même qu'il a bien bu !

– Allons, reprit le marchand avec colère, ce n'est pas tout ça, qu'on donne à boire à mon cheval et que cela finisse !

Cosette rentra sous la table.

– Au fait, c'est juste, dit la Thénardier, si cette bête n'a pas bu, il faut qu'elle boive.

Puis, regardant autour d'elle :

– Eh bien, où est donc cette autre ?

Elle se pencha et découvrit Cosette blottie à l'autre bout de la table, presque sous les pieds des buveurs.

– Vas-tu venir ? cria la Thénardier.

Cosette sortit de l'espèce de trou où elle s'était cachée. La Thénardier reprit :

– Mademoiselle Chien-faute-de-nom, va porter à boire à ce cheval.

– Mais, madame, dit Cosette faiblement, c'est qu'il n'y a pas d'eau.

La Thénardier ouvrit toute grande la porte de la rue :

– Eh bien, va en chercher !

Cosette baissa la tête, et alla prendre un seau vide qui était au coin de la cheminée.

Ce seau était plus grand qu'elle, et l'enfant aurait pu s'asseoir dedans et y tenir à l'aise.

La Thénardier se remit à son fourneau, et goûta avec une cuillère de bois ce qui était dans la casserole, tout en grommelant :

– Il y en a à la source. Ce n'est pas plus malin que ça. Je crois que j'aurais mieux fait de passer[1] mes oignons.

Puis elle fouilla dans un tiroir où il y avait des sous, du poivre et des échalotes.

– Tiens, mamzelle Crapaud, ajouta-t-elle, en revenant tu prendras un gros pain chez le boulanger. Voilà une pièce-quinze-sous.

Cosette avait une petite poche de côté à son tablier ; elle prit la pièce sans dire un mot, et la mit dans cette poche.

Puis elle resta immobile, le seau à la main, la porte ouverte devant elle. Elle semblait attendre qu'on vînt à son secours.

– Va donc ! cria la Thénardier.

Cosette sortit. La porte se referma.

IV

Entrée en scène d'une poupée

La file de boutiques en plein vent qui partait de l'église se développait, on s'en souvient, jusqu'à l'auberge Thénardier. Ces boutiques, à cause du passage prochain des bourgeois allant à la messe de minuit, étaient toutes illuminées de chandelles brûlant dans des entonnoirs[2] de papier, ce qui,

1. Filtrer.
2. Cônes.

→ Du texte à l'image p. 42

Mère et son enfant

Anders Zorn (1860-1920), huile sur toile, 1899 (73,7 x 57,8 cm), musée des Beaux-Arts, Budapest.

→ Du texte à l'image p. 62

Femme assise

Pablo Picasso (1881-1973), huile sur toile, 1905, Staatsgalerie, Stuttgart.

→ Du texte à l'image p. 98

La Dernière Forêt

Max Ernst (1891-1976), huile sur toile, 1960-1969 (1,14 x 1,45 m), dépôt du Centre Pompidou au musée d'Art moderne de Saint-Étienne.

→ Du texte à l'image p. 127

Photogramme tiré du film Les Misérables

Film de Robert Hossein, 1982, avec Valentine Bordelet (Cosette) et Lino Ventura (Jean Valjean).

comme le disait le maître d'école de Montfermeil attablé en ce moment chez Thénardier, faisait « un effet magique ». En revanche, on ne voyait pas une étoile au ciel.

La dernière de ces baraques, établie précisément en face de la porte des Thénardier, était une boutique de bimbeloterie[3], toute reluisante de clinquants[4], de verroteries[5] et de choses magnifiques en fer-blanc[6]. Au premier rang, et en avant, le marchand avait placé, sur un fond de serviettes blanches, une immense poupée haute de près de deux pieds[7] qui était vêtue d'une robe de crêpe[8] rose avec des épis d'or sur la tête et qui avait de vrais cheveux et des yeux en émail[9]. Tout le jour, cette merveille avait été étalée à l'ébahissement[10] des passants de moins de dix ans, sans qu'il se fût trouvé à Montfermeil une mère assez riche, ou assez prodigue[11], pour la donner à son enfant. Éponine et Azelma avaient passé des heures à la contempler, et Cosette elle-même, furtivement[12], il est vrai, avait osé la regarder.

Au moment où Cosette sortit, son seau à la main, si morne[13] et si accablée qu'elle fût, elle ne put s'empêcher de lever les yeux sur cette prodigieuse poupée, vers *la dame*, comme elle l'appelait. La pauvre enfant s'arrêta pétrifiée. Elle n'avait pas encore vu cette poupée de près. Toute cette boutique lui semblait un palais; cette poupée n'était pas une poupée, c'était une vision. C'était la joie, la splendeur, la richesse, le bonheur, qui apparaissaient dans une sorte de rayonnement chimérique[14] à ce malheureux petit être englouti si profondément dans une misère funèbre[15] et froide. Cosette mesurait avec cette sagacité[16] naïve et triste de l'enfance l'abîme qui la séparait de cette poupée. Elle se disait qu'il fallait être reine ou au moins princesse pour avoir une « chose » comme cela. Elle considérait cette belle robe

3. Objets de peu de prix (jouets, figurines, etc.).
4. Objets brillants mais sans valeur.
5. Objets, bijoux en verre coloré, peu chers.
6. Tôle recouverte d'étain.
7. Un pied mesure environ 33 centimètres.
8. Beau tissu lourd.
9. Matière colorée et très solide.
10. À la stupéfaction.
11. Dépensière.
12. Discrètement.
13. Triste.
14. Irréel, fabuleux.
15. Mortelle.
16. Finesse.

Adrien Marie (1848-1891), *Cosette devant la vitrine*, illustration, 1906, BnF, Paris.

rose, ces beaux cheveux lisses, et elle pensait : Comme elle doit être heureuse, cette poupée-là ! Ses yeux ne pouvaient se détacher de cette boutique fantastique. Plus elle regardait, plus elle s'éblouissait. Elle croyait voir le paradis. Il y avait d'autres poupées derrière la grande qui lui paraissaient des fées et des génies[1]. Le marchand qui allait et venait au fond de sa baraque lui faisait un peu l'effet d'être le Père éternel[2].

Dans cette adoration, elle oubliait tout, même la commission dont elle était chargée. Tout à coup, la voix rude de la Thénardier la rappela à la réalité : – Comment, péronnelle[3], tu n'es pas partie ! Attends ! je vais à toi ! Je vous demande un peu ce qu'elle fait là ! Petit monstre, va !

La Thénardier avait jeté un coup d'œil dans la rue et aperçu Cosette en extase[4].

Cosette s'enfuit emportant son seau et faisant les plus grands pas qu'elle pouvait.

V

La petite toute seule

Comme l'auberge Thénardier était dans cette partie du village qui est près de l'église, c'était à la source du bois du côté de Chelles que Cosette devait aller puiser de l'eau.

Elle ne regarda plus un seul étalage de marchand. Tant qu'elle fut dans la ruelle du Boulanger et dans les environs de l'église, les boutiques illuminées éclairaient le chemin, mais bientôt la dernière lueur de la dernière baraque disparut. La pauvre enfant se trouva dans l'obscurité. Elle s'y enfonça.

1. Êtres au pouvoir magique.
2. Dieu.
3. Jeune sotte.
4. Émerveillée.

Seulement, comme une certaine émotion la gagnait, tout en marchant elle agitait le plus qu'elle pouvait l'anse du seau. Cela faisait un bruit qui lui tenait compagnie.

Plus elle cheminait, plus les ténèbres devenaient épaisses. Il n'y avait plus personne dans les rues. Pourtant, elle rencontra une femme qui se retourna en la voyant passer, et qui resta immobile, marmottant[5] entre ses lèvres : « Mais où peut donc aller cet enfant? Est-ce que c'est un enfant-garou[6] ? » Puis la femme reconnut Cosette. « Tiens, dit-elle, c'est l'Alouette ! »

Cosette traversa ainsi le labyrinthe[7] de rues tortueuses et désertes qui termine du côté de Chelles le village de Montfermeil. Tant qu'elle eut des maisons et même seulement des murs des deux côtés de son chemin, elle alla assez hardiment[8]. De temps en temps, elle voyait le rayonnement d'une chandelle à travers la fente d'un volet, c'était de la lumière et de la vie, il y avait là des gens, cela la rassurait. Cependant, à mesure qu'elle avançait, sa marche se ralentissait comme machinalement. Quand elle eut passé l'angle de la dernière maison, Cosette s'arrêta. Aller au-delà de la dernière boutique avait été difficile; aller plus loin que la dernière maison, cela devenait impossible. Elle posa le seau à terre, plongea sa main dans ses cheveux et se mit à se gratter lentement la tête, geste propre aux enfants terrifiés et indécis. Ce n'était plus Montfermeil, c'étaient les champs. L'espace noir et désert était devant elle. Elle regarda avec désespoir cette obscurité où il n'y avait plus personne, où il y avait des bêtes, où il y avait peut-être des revenants[9]. Elle regarda bien, et elle entendit les bêtes qui marchaient dans l'herbe, et elle vit distinctement les revenants qui remuaient dans les arbres. Alors elle ressaisit le

5. Murmurant.
6. Enfant mi-humain mi-loup.
7. Dédale, réseau où l'on peut se perdre.
8. Courageusement.
9. Fantômes.

seau, la peur lui donnait de l'audace : – Bah ! dit-elle, je lui dirai qu'il n'y avait plus d'eau !

Et elle rentra résolument dans Montfermeil.

À peine eut-elle fait cent pas qu'elle s'arrêta encore, et se remit à se gratter la tête. Maintenant, c'était la Thénardier qui lui apparaissait ; la Thénardier hideuse[1] avec sa bouche d'hyène[2] et la colère flamboyante dans les yeux. L'enfant jeta un regard lamentable en avant et en arrière. Que faire ? que devenir ? où aller ? Devant elle le spectre de la Thénardier ; derrière elle tous les fantômes de la nuit et des bois. Ce fut devant la Thénardier qu'elle recula. Elle reprit le chemin de la source et se mit à courir. Elle sortit du village en courant, elle entra dans le bois en courant, ne regardant plus rien, n'écoutant plus rien. Elle n'arrêta sa course que lorsque la respiration lui manqua, mais elle n'interrompit[3] point sa marche. Elle allait devant elle, éperdue[4].

Tout en courant, elle avait envie de pleurer.

Le frémissement nocturne de la forêt l'enveloppait tout entière. Elle ne pensait plus, elle ne voyait plus. L'immense nuit faisait face à ce petit être. D'un côté, toute l'ombre ; de l'autre, un atome.

Il n'y avait que sept ou huit minutes de la lisière du bois à la source. Cosette connaissait le chemin pour l'avoir fait bien souvent le jour. Chose étrange, elle ne se perdit pas. Un reste d'instinct la conduisait vaguement. Elle ne jetait cependant les yeux ni à droite ni à gauche, de crainte de voir des choses dans les branches et dans les broussailles. Elle arriva ainsi à la source. [...]

Cosette ne prit pas le temps de respirer. Il faisait très noir, mais elle avait l'habitude de venir à cette fontaine. Elle chercha de la main gauche dans l'obscurité un jeune chêne

1. Affreuse.
2. Animal nocturne et féroce.
3. N'arrêta.
4. Comme folle de peur.

incliné sur la source qui lui servait ordinairement de point d'appui, rencontra une branche, s'y suspendit, se pencha et plongea le seau dans l'eau. Elle était dans un moment si violent que ses forces étaient triplées. Pendant qu'elle était ainsi penchée, elle ne fit pas attention que la poche de son tablier se vidait dans la source. La pièce de quinze sous tomba dans l'eau. Cosette ne la vit ni ne l'entendit tomber. Elle retira le seau presque plein et le posa sur l'herbe.

Cela fait, elle s'aperçut qu'elle était épuisée de lassitude[5]. Elle eût bien voulu repartir tout de suite ; mais l'effort de remplir le seau avait été tel qu'il lui fut impossible de faire un pas. Elle fut bien forcée de s'asseoir. Elle se laissa tomber sur l'herbe et y demeura accroupie. Elle ferma les yeux, puis elle les rouvrit, sans savoir pourquoi, mais ne pouvant faire autrement.

À côté d'elle l'eau agitée dans le seau faisait des cercles qui ressemblaient à des serpents de feu blanc.

Au-dessus de sa tête, le ciel était couvert de vastes nuages noirs qui étaient comme des pans[6] de fumée. Le tragique masque de l'ombre semblait se pencher vaguement sur cet enfant.

Jupiter se couchait dans les profondeurs.

L'enfant regardait d'un œil égaré cette grosse étoile qu'elle ne connaissait pas et qui lui faisait peur. La planète, en effet, était en ce moment très près de l'horizon et traversait une épaisse couche de brume qui lui donnait une rougeur horrible. La brume, lugubrement empourprée[7], élargissait l'astre. On eût dit une plaie lumineuse.

Un vent froid soufflait de la plaine. Le bois était ténébreux, sans aucun froissement de feuilles, sans aucune de ces vagues et fraîches lueurs de l'été. De grands branchages

5. Fatigue extrême.
6. Étoffes qui flottent dans l'air.
7. Colorée de rouge.

s'y dressaient affreusement. Des buissons chétifs et difformes sifflaient dans les clairières. Les hautes herbes fourmillaient[1] sous la bise comme des anguilles. Les ronces se tordaient comme de longs bras armés de griffes cherchant à prendre des proies; quelques bruyères sèches, chassées par le vent, passaient rapidement et avaient l'air de s'enfuir avec épouvante devant quelque chose qui arrivait. De tous les côtés il y avait des étendues lugubres. [...]

Les forêts sont des apocalypses[2]; et le battement d'ailes d'une petite âme fait un bruit d'agonie sous leur voûte monstrueuse.

Sans se rendre compte de ce qu'elle éprouvait, Cosette se sentait saisir par cette énormité noire de la nature. Ce n'était plus seulement de la terreur qui la gagnait, c'était quelque chose de plus terrible même que la terreur. Elle frissonnait. Les expressions manquent pour dire ce qu'avait d'étrange ce frisson qui la glaçait jusqu'au fond du cœur. Son œil était devenu farouche. Elle croyait sentir qu'elle ne pourrait peut-être pas s'empêcher de revenir là à la même heure le lendemain.

Alors, par une sorte d'instinct, pour sortir de cet état singulier qu'elle ne comprenait pas, mais qui l'effrayait, elle se mit à compter à haute voix un, deux, trois, quatre, jusqu'à dix, et, quand elle eut fini, elle recommença. Cela lui rendit la perception vraie des choses qui l'entouraient. Elle sentit le froid à ses mains qu'elle avait mouillées en puisant de l'eau. Elle se leva. La peur lui était revenue, une peur naturelle et insurmontable. Elle n'eut plus qu'une pensée, s'enfuir; s'enfuir à toutes jambes, à travers bois, à travers champs, jusqu'aux maisons, jusqu'aux fenêtres, jusqu'aux chandelles allumées. Son regard tomba sur le seau qui était

L'Apocalypse dans la Bible

L'*Apocalypse de Jean* est un livre du Nouveau Testament composé de visions et de prophéties. Il contient en particulier des évocations effrayantes de fléaux (faim, douleur, peste, guerre), de monstres (démons, dragons) et de cataclysmes accompagnant la fin du monde.

1. S'agitaient.
2. Paysages mystérieux et terrifiants évoquant la fin du monde.

Francisque Poulbot (1879-1946), *Cosette allant chercher de l'eau*, XXe siècle, carte postale.

devant elle. Tel était l'effroi que lui inspirait la Thénardier qu'elle n'osa pas s'enfuir sans le seau d'eau. Elle saisit l'anse à deux mains. Elle eut de la peine à soulever le seau.

Elle fit ainsi une douzaine de pas, mais le seau était plein, il était lourd, elle fut forcée de le reposer à terre. Elle respira un instant, puis elle enleva l'anse de nouveau, et se remit à marcher, cette fois un peu plus longtemps. Mais il fallut s'arrêter encore. Après quelques secondes de repos, elle repartit. Elle marchait penchée en avant, la tête baissée, comme une vieille. Le poids du seau tendait et roidissait[1] ses bras maigres. L'anse de fer achevait d'engourdir et de geler ses petites mains mouillées ; de temps en temps elle était forcée de s'arrêter, et chaque fois qu'elle s'arrêtait l'eau froide qui débordait du seau tombait sur ses jambes nues. Cela se passait au fond d'un bois, la nuit, en hiver, loin de tout regard humain ; c'était un enfant de huit ans ; il n'y avait que Dieu en ce moment qui voyait cette chose triste.

Et sans doute sa mère, hélas ! Car il est des choses qui font ouvrir les yeux aux mortes dans leur tombeau.

Elle soufflait avec une sorte de râlement[2] douloureux ; des sanglots lui serraient la gorge, mais elle n'osait pas pleurer, tant elle avait peur de la Thénardier, même loin. C'était son habitude de se figurer toujours que la Thénardier était là.

Cependant elle ne pouvait pas faire beaucoup de chemin de la sorte, et elle allait bien lentement. Elle avait beau diminuer la durée des stations[3] et marcher entre chaque le plus longtemps possible, elle pensait avec angoisse qu'il lui faudrait plus d'une heure pour retourner ainsi à Montfermeil et que la Thénardier la battrait. Cette angoisse se mêlait à son épouvante d'être seule dans le bois la nuit. Elle était harassée[4] de fatigue et n'était pas encore sortie de la forêt.

1. Raidissait.
2. Gémissement *(terme vieilli)*.
3. Arrêts.
4. Accablée.

Parvenue près d'un vieux châtaignier qu'elle connaissait, elle fit une dernière halte plus longue que les autres pour se bien reposer, puis elle rassembla toutes ses forces, reprit le seau et se remit à marcher courageusement. Cependant le pauvre petit être désespéré ne put s'empêcher de s'écrier : Ô mon Dieu ! mon Dieu !

En ce moment, elle sentit tout à coup que le seau ne pesait plus rien. Une main, qui lui parut énorme, venait de saisir l'anse et la soulevait vigoureusement. Elle leva la tête. Une grande forme noire, droite et debout, marchait auprès d'elle dans l'obscurité. C'était un homme qui était arrivé derrière elle et qu'elle n'avait pas entendu venir. Cet homme, sans dire un mot, avait empoigné l'anse du seau qu'elle portait.

Il y a des instincts pour toutes les rencontres de la vie. L'enfant n'eut pas peur. [...]

VII

Cosette côte à côte dans l'ombre avec l'inconnu

[...] L'homme lui adressa la parole. Il parlait d'une voix grave et presque basse.

– Mon enfant, c'est bien lourd pour vous ce que vous portez là.

Cosette leva la tête et répondit :

– Oui, monsieur.

– Donnez, reprit l'homme. Je vais vous le porter.

Cosette lâcha le seau. L'homme se mit à cheminer[5] près d'elle.

5. Marcher.

– C'est très lourd, en effet, dit-il entre ses dents. Puis il ajouta :
– Petite, quel âge as-tu ?
– Huit ans, monsieur.
– Et viens-tu de loin comme cela ?
– De la source qui est dans le bois.
– Et est-ce loin où tu vas ?
– À un bon quart d'heure d'ici.

L'homme resta un moment sans parler, puis il dit brusquement :

– Tu n'as donc pas de mère ?
– Je ne sais pas, répondit l'enfant.

Avant que l'homme eût eu le temps de reprendre la parole, elle ajouta :

– Je ne crois pas. Les autres en ont. Moi, je n'en ai pas.

Et après un silence, elle reprit :

– Je crois que je n'en ai jamais eu.

L'homme s'arrêta, il posa le seau à terre, se pencha et mit ses deux mains sur les deux épaules de l'enfant, faisant effort pour la regarder et voir son visage dans l'obscurité. La figure maigre et chétive de Cosette se dessinait vaguement à la lueur livide[1] du ciel.

– Comment t'appelles-tu ? dit l'homme.
– Cosette.

L'homme eut comme une secousse électrique. Il la regarda encore, puis il ôta ses mains de dessus les épaules de Cosette, saisit le seau, et se remit à marcher.

Au bout d'un instant, il demanda :

– Petite, où demeures-tu ?
– À Montfermeil, si vous connaissez.
– C'est là que nous allons ?
– Oui, monsieur.

1. Très pâle.

Il fit encore une pause, puis recommença :

– Qui est-ce donc qui t'a envoyée à cette heure chercher de l'eau dans le bois ?

– C'est madame Thénardier.

L'homme repartit d'un son de voix qu'il voulait s'efforcer de rendre indifférent, mais où il y avait pourtant un tremblement singulier :

– Qu'est-ce qu'elle fait, ta madame Thénardier ?

– C'est ma bourgeoise[2], dit l'enfant. Elle tient l'auberge.

– L'auberge ? dit l'homme. Eh bien, je vais aller y loger cette nuit. Conduis-moi.

– Nous y allons, dit l'enfant.

L'homme marchait assez vite. Cosette le suivait sans peine. Elle ne sentait plus la fatigue. De temps en temps, elle levait les yeux vers cet homme avec une sorte de tranquillité et d'abandon inexprimables. Jamais on ne lui avait appris à se tourner vers la providence et à prier. Cependant elle sentait en elle quelque chose qui ressemblait à de l'espérance et à de la joie et qui s'en allait vers le ciel.

Quelques minutes s'écoulèrent. L'homme reprit :

– Est-ce qu'il n'y a pas de servante chez madame Thénardier ?

– Non, monsieur.

– Est-ce que tu es seule ?

– Oui, monsieur.

Il y eut encore une interruption. Cosette éleva la voix :

– C'est-à-dire il y a deux petites filles.

– Quelles petites filles ?

– Ponine et Zelma.

L'enfant simplifiait de la sorte les noms romanesques chers à la Thénardier.

– Qu'est-ce que c'est que Ponine et Zelma ?

2. Ma patronne.

– Ce sont les demoiselles de madame Thénardier. Comme qui dirait ses filles.
– Et que font-elles, celles-là ?
– Oh ! dit l'enfant, elles ont de belles poupées, des choses où il y a de l'or, tout plein d'affaires. Elles jouent, elles s'amusent.
– Toute la journée ?
– Oui, monsieur.
– Et toi ?
– Moi, je travaille.
– Toute la journée ?

L'enfant leva ses grands yeux où il y avait une larme qu'on ne voyait pas à cause de la nuit, et répondit doucement :
– Oui, monsieur.

Elle poursuivit après un intervalle de silence :
– Des fois, quand j'ai fini l'ouvrage et qu'on veut bien, je m'amuse aussi.
– Comment t'amuses-tu ?
– Comme je peux. On me laisse. Mais je n'ai pas beaucoup de joujoux. Ponine et Zelma ne veulent pas que je joue avec leurs poupées. Je n'ai qu'un petit sabre en plomb, pas plus long que ça.

L'enfant montrait son petit doigt.
– Et qui ne coupe pas ?
– Si, monsieur, dit l'enfant, ça coupe la salade et les têtes de mouches.

Ils atteignirent le village ; Cosette guida l'étranger dans les rues. Ils passèrent devant la boulangerie, mais Cosette ne songea pas au pain qu'elle devait rapporter. L'homme avait cessé de lui faire des questions et gardait maintenant un silence morne[1]. Quand ils eurent laissé l'église derrière eux, l'homme voyant toutes ces boutiques en plein vent, demanda à Cosette :

1. Triste.

– C'est donc la foire ici ?

– Non, monsieur, c'est Noël.

Comme ils approchaient de l'auberge, Cosette lui toucha le bras timidement :

– Monsieur ?

– Quoi, mon enfant ?

– Nous voilà tout près de la maison.

– Eh bien ?

– Voulez-vous me laisser reprendre le seau à présent ?

– Pourquoi ?

– C'est que si madame voit qu'on me l'a porté, elle me battra.

L'homme lui remit le seau. Un instant après, ils étaient à la porte de la gargote.

VIII

Désagrément[2] de recevoir chez soi un pauvre qui est peut-être un riche

Cosette ne put s'empêcher de jeter un regard de côté à la grande poupée toujours étalée chez le bimbelotier, puis elle frappa. La porte s'ouvrit. La Thénardier parut une chandelle à la main.

– Ah ! c'est toi, petite gueuse ! Dieu merci, tu y as mis le temps ! Elle se sera amusée, la drôlesse !

– Madame, dit Cosette toute tremblante, voilà un monsieur qui vient loger.

La Thénardier remplaça bien vite sa mine bourrue[3] par sa grimace aimable, changement à vue[4] propre aux aubergistes, et chercha avidement des yeux le nouveau venu.

2. Inconvénient.
3. Sévère.
4. Au théâtre, changement de décor sans que le rideau soit tiré.

– C'est monsieur ? dit-elle.

– Oui, madame, répondit l'homme en portant la main à son chapeau.

Les voyageurs riches ne sont pas si polis. Ce geste et l'inspection du costume et du bagage de l'étranger que la Thénardier passa en revue d'un coup d'œil firent évanouir la grimace aimable et reparaître la mine bourrue. Elle reprit sèchement :

– Entrez, bonhomme.

Le « bonhomme » entra. La Thénardier lui jeta un second coup d'œil, examina particulièrement sa redingote qui était absolument râpée[1] et son chapeau qui était un peu défoncé, et consulta d'un hochement de tête, d'un froncement de nez et d'un clignement d'yeux, son mari, lequel buvait toujours avec les rouliers. Le mari répondit par cette imperceptible agitation de l'index qui, appuyée du gonflement des lèvres, signifie en pareil cas : débine[2] complète. Sur ce, la Thénardier s'écria :

– Ah çà, brave homme, je suis bien fâchée, mais c'est que je n'ai plus de place.

– Mettez-moi où vous voudrez, dit l'homme, au grenier, à l'écurie. Je payerai comme si j'avais une chambre.

– Quarante sous.

– Quarante sous. Soit.

– À la bonne heure.

– Quarante sous ! dit un roulier bas à la Thénardier, mais ce n'est que vingt sous.

– C'est quarante sous pour lui, répliqua la Thénardier du même ton. Je ne loge pas des pauvres à moins.

– C'est vrai, ajouta le mari avec douceur, ça gâte[3] une maison d'y avoir de ce monde-là.

1. Usée.
2. Manque d'argent *(familier)*.
3. Nuit à la réputation de.

Cependant l'homme, après avoir laissé sur un banc son paquet[4] et son bâton, s'était assis à une table où Cosette s'était empressée[5] de poser une bouteille de vin et un verre. Le marchand qui avait demandé le seau d'eau était allé lui-même le porter à son cheval. Cosette avait repris sa place sous la table de cuisine et son tricot.

L'homme, qui avait à peine trempé ses lèvres dans le verre de vin qu'il s'était versé, considérait l'enfant avec une attention étrange.

Cosette était laide. Heureuse, elle eût peut-être été jolie. Nous avons déjà esquissé[6] cette petite figure sombre. Cosette était maigre et blême. Elle avait près de huit ans, on lui en eût donné à peine six. Ses grands yeux enfoncés dans une sorte d'ombre profonde étaient presque éteints à force d'avoir pleuré. Les coins de sa bouche avaient cette courbe de l'angoisse habituelle, qu'on observe chez les condamnés et chez les malades désespérés. Ses mains étaient, comme sa mère l'avait deviné, « perdues d'engelures[7] ». Le feu qui l'éclairait en ce moment faisait saillir[8] les angles de ses os et rendait sa maigreur affreusement visible. Comme elle grelottait toujours, elle avait pris l'habitude de serrer ses deux genoux l'un contre l'autre. Tout son vêtement n'était qu'un haillon qui eût fait pitié l'été et qui faisait horreur l'hiver. Elle n'avait sur elle que de la toile trouée ; pas un chiffon de laine. On voyait sa peau çà et là, et l'on y distinguait partout des taches bleues ou noires qui indiquaient les endroits où la Thénardier l'avait touchée. Ses jambes nues étaient rouges et grêles. Le creux de ses clavicules était à faire pleurer. Toute la personne de cette enfant, son allure, son attitude, le son de sa voix, ses intervalles entre un mot et l'autre, son regard, son silence, son moindre geste, exprimaient et traduisaient une seule idée : la crainte.

4. Bagage.
5. Dépêchée.
6. Commencé à dessiner.
7. Couvertes d'inflammations douloureuses provoquées par le froid.
8. Ressortir.

La crainte était répandue sur elle ; elle en était pour ainsi dire couverte ; la crainte ramenait ses coudes contre ses hanches, retirait ses talons sous ses jupes, lui faisait tenir le moins de place possible, ne lui laissait de souffle que le nécessaire, et était devenue ce qu'on pourrait appeler son habitude de corps, sans variation possible que d'augmenter. Il y avait au fond de sa prunelle un coin étonné où était la terreur.

Cette crainte était telle qu'en arrivant, toute mouillée comme elle était, Cosette n'avait pas osé s'aller sécher au feu et s'était remise silencieusement à son travail.

L'expression du regard de cette enfant de huit ans était habituellement si morne et parfois si tragique qu'il semblait, à de certains moments, qu'elle fût en train de devenir une idiote[1] ou un démon.

Jamais, nous l'avons dit, elle n'avait su ce que c'est que prier, jamais elle n'avait mis le pied dans une église. « Est-ce que j'ai le temps ? » disait la Thénardier.

L'homme à la redingote jaune ne quittait pas Cosette des yeux.

Tout à coup la Thénardier s'écria :

– À propos ! et ce pain ?

Cosette, selon sa coutume toutes les fois que la Thénardier élevait la voix, sortit bien vite de dessous la table.

Elle avait complètement oublié ce pain. Elle eut recours à l'expédient[2] des enfants toujours effrayés. Elle mentit.

– Madame, le boulanger était fermé.

– Il fallait cogner[3].

– J'ai cogné, madame.

– Eh bien ?

– Il n'a pas ouvert.

1. Attardée, demeurée.
2. Moyen de se tirer d'affaire.
3. Frapper à la porte.

– Je saurai demain si c'est vrai, dit la Thénardier, et si tu mens, tu auras une fière danse[4]. En attendant, rends-moi la pièce-quinze-sous.

Cosette plongea sa main dans la poche de son tablier, et devint verte. La pièce de quinze sous n'y était plus.

– Ah çà ! dit la Thénardier, m'as-tu entendue ?

Cosette retourna la poche, il n'y avait rien. Qu'est-ce que cet argent pouvait être devenu ? La malheureuse petite ne trouva pas une parole. Elle était pétrifiée.

– Est-ce que tu l'as perdue, la pièce-quinze-sous ? râla la Thénardier, ou bien est-ce que tu veux me la voler ?

En même temps elle allongea le bras vers le martinet[5] suspendu à la cheminée. Ce geste redoutable rendit à Cosette la force de crier :

– Grâce ! madame ! madame ! Je ne le ferai plus.

La Thénardier détacha le martinet.

Cependant l'homme à la redingote jaune avait fouillé dans le gousset[6] de son gilet, sans qu'on eût remarqué ce mouvement. D'ailleurs les autres voyageurs buvaient ou jouaient aux cartes et ne faisaient attention à rien.

Cosette se pelotonnait[7] avec angoisse dans l'angle de la cheminée, tâchant de ramasser et de dérober ses pauvres membres demi-nus. La Thénardier leva le bras.

– Pardon, madame, dit l'homme, mais tout à l'heure j'ai vu quelque chose qui est tombé de la poche du tablier de cette petite et qui a roulé. C'est peut-être cela.

En même temps il se baissa et parut chercher à terre un instant.

– Justement, voici, reprit-il en se relevant.

Et il tendit une pièce d'argent à la Thénardier.

– Oui, c'est cela, dit-elle.

4. Coups, correction *(argotique)*.
5. Voir note 11, p. 65.
6. Petite poche.
7. Se recroquevillait.

Ce n'était pas cela, car c'était une pièce de vingt sous, mais la Thénardier y trouvait du bénéfice. Elle mit la pièce dans sa poche, et se borna à jeter un regard farouche à l'enfant en disant : – Que cela ne t'arrive plus, toujours!

Cosette rentra dans ce que la Thénardier appelait « sa niche », et son grand œil, fixé sur le voyageur inconnu, commença à prendre une expression qu'il n'avait jamais eue. Ce n'était encore qu'un naïf étonnement, mais une sorte de confiance stupéfaite s'y mêlait.

– À propos, voulez-vous souper? demanda la Thénardier au voyageur.

Il ne répondit pas. Il semblait songer profondément.

– Qu'est-ce que c'est que cet homme-là? dit-elle entre ses dents. C'est quelque affreux pauvre. Cela n'a pas le sou pour souper. Me payera-t-il mon logement seulement? Il est bien heureux tout de même qu'il n'ait pas eu l'idée de voler l'argent qui était à terre.

Cependant une porte s'était ouverte et Éponine et Azelma étaient entrées.

C'étaient vraiment deux jolies petites filles, plutôt bourgeoises que paysannes, très charmantes, l'une avec ses tresses châtaines bien lustrées, l'autre avec ses longues nattes noires tombant derrière le dos, toutes deux vives, propres, grasses, fraîches et saines à réjouir le regard. Elles étaient chaudement vêtues, mais avec un tel art maternel, que l'épaisseur des étoffes n'ôtait rien à la coquetterie de l'ajustement. L'hiver était prévu sans que le printemps fût effacé. Ces deux petites dégageaient de la lumière. En outre, elles étaient régnantes[1]. Dans leur toilette, dans leur gaîté, dans le bruit qu'elles faisaient, il y avait de la souveraineté[2]. Quand elles entrèrent, la Thénardier leur dit d'un ton grondeur, qui était plein d'adoration :

1. Comme des reines.
2. De la toute-puissance.

– Ah ! vous voilà donc, vous autres !

Puis, les attirant dans ses genoux l'une après l'autre, lissant leurs cheveux, renouant leurs rubans, et les lâchant ensuite avec cette douce façon de secouer qui est propre aux mères, elle s'écria : « Sont-elles fagotées[3] ! »

Elles vinrent s'asseoir au coin du feu. Elles avaient une poupée qu'elles tournaient et retournaient sur leurs genoux avec toutes sortes de gazouillements joyeux. De temps en temps, Cosette levait les yeux de son tricot, et les regardait jouer d'un air lugubre.

Éponine et Azelma ne regardaient pas Cosette. C'était pour elles comme le chien. Ces trois petites filles n'avaient pas vingt-quatre ans à elles trois, et elles représentaient déjà toute la société des hommes ; d'un côté l'envie, de l'autre le dédain[4].

La poupée des sœurs Thénardier était très fanée et très vieille et toute cassée, mais elle n'en paraissait pas moins admirable à Cosette, qui de sa vie n'avait eu une poupée, *une vraie poupée*, pour nous servir d'une expression que tous les enfants comprendront.

Tout à coup la Thénardier, qui continuait d'aller et de venir dans la salle, s'aperçut que Cosette avait des distractions et qu'au lieu de travailler elle s'occupait des petites qui jouaient.

– Ah ! je t'y prends ! cria-t-elle. C'est comme cela que tu travailles ! Je vais te faire travailler à coups de martinet, moi.

L'étranger, sans quitter sa chaise, se tourna vers la Thénardier.

– Madame, dit-il en souriant d'un air presque craintif, bah ! laissez-la jouer !

De la part de tout voyageur qui eût mangé une tranche de gigot et bu deux bouteilles de vin à son souper et qui n'eût

3. Habillées.
4. Mépris.

pas eu l'air d'*un affreux pauvre*, un pareil souhait eût été un ordre. Mais qu'un homme qui avait ce chapeau se permît d'avoir un désir et qu'un homme qui avait cette redingote se permît d'avoir une volonté, c'est ce que la Thénardier ne crut pas devoir tolérer[1]. Elle repartit aigrement[2] :

– Il faut qu'elle travaille, puisqu'elle mange. Je ne la nourris pas à rien faire.

– Qu'est-ce qu'elle fait donc ? reprit l'étranger de cette voix douce qui contrastait si étrangement avec ses habits de mendiant et ses épaules de portefaix[3].

La Thénardier daigna répondre :

– Des bas, s'il vous plaît. Des bas pour mes petites filles qui n'en ont pas, autant dire, et qui vont tout à l'heure pieds nus.

L'homme regarda les pauvres pieds rouges de Cosette, et continua :

– Quand aura-t-elle fini cette paire de bas ?

– Elle en a encore au moins pour trois ou quatre grands jours, la paresseuse.

– Et combien peut valoir cette paire de bas, quand elle sera faite ?

La Thénardier lui jeta un coup d'œil méprisant.

– Au moins trente sous.

– La donneriez-vous pour cinq francs ? reprit l'homme.

– Pardieu ! s'écria avec un gros rire un roulier qui écoutait, cinq francs ? Je crois fichtre[4] bien ! cinq balles !

Le Thénardier crut devoir prendre la parole.

– Oui, monsieur, si c'est votre fantaisie, on vous donnera cette paire de bas pour cinq francs. Nous ne savons rien refuser aux voyageurs.

– Il faudrait payer tout de suite, dit la Thénardier avec sa façon brève et péremptoire[5].

1. Supporter.
2. Avec mauvaise humeur.
3. Homme dont le métier consiste à porter des fardeaux.
4. Sûrement.
5. Décidée.

– J'achète cette paire de bas, répondit l'homme, et, ajouta-t-il en tirant de sa poche une pièce de cinq francs qu'il posa sur la table, – je la paye.

Puis il se tourna vers Cosette.

– Maintenant ton travail est à moi. Joue, mon enfant.

Le roulier fut si ému de la pièce de cinq francs, qu'il laissa là son verre et accourut.

– C'est pourtant vrai ! cria-t-il en l'examinant. Une vraie roue de derrière ! et pas fausse !

Le Thénardier approcha et mit silencieusement la pièce dans son gousset.

La Thénardier n'avait rien à répliquer. Elle se mordit les lèvres, et son visage prit une expression de haine.

Cependant Cosette tremblait. Elle se risqua à demander :

– Madame, est-ce que c'est vrai ? Est-ce que je peux jouer ?

– Joue ! dit la Thénardier d'une voix terrible.

– Merci, madame, dit Cosette.

Et, pendant que sa bouche remerciait la Thénardier, toute sa petite âme remerciait le voyageur.

Pause lecture 3

Troisième partie : Cosette (1)

Retour à Montfermeil

« Au Sergent de Waterloo » l. 1 à 271

Avez-vous bien lu ?

Monsieur et madame Thénardier sont comparés à :

- ❏ un éléphant et une souris ?
- ❏ une araignée et une mouche ?
- ❏ une tenaille et une meule ?

Un « attelage hideux et terrible » (l. 72-183, p. 65-69)

1 Repérez les oppositions à l'intérieur de chaque portrait, puis les différences entre le mari et la femme. Pourquoi rendent-elles le couple « terrible » (l. 161) ?

2 Relevez des éléments d'humour et d'ironie dans ces deux portraits. Peut-on parler de caricatures ? Pourquoi ?

3 Dans les lignes 166 à 183, relevez les figures de style : que soulignent-elles ?

Plus d'eau ! (l. 184-271, p. 69-72)

4 Quels sont les effets de la peur sur Cosette ? Sont-ils seulement physiques ?

5 À la fin du chapitre III (p. 72-73), quels détails rendent particulièrement poignante la situation de l'enfant ?

La conduite du récit (l. 1-271, p. 63-72)

6 Expliquez comment les chapitres I et II ont préparé le chapitre III.

Seule dans le noir l. 272 à 615

Avez-vous bien lu ?

La passante qui croise l'enfant dans l'obscurité se demande s'il s'agit :

❏ d'un enfant-gnome ?
❏ d'un enfant-garou ?
❏ d'un enfant-zombie ?

La poupée prodigieuse (l. 272-323, chap. IV, p. 72-74)

1 Dans le chapitre IV, relevez les expressions qui évoquent l'univers du conte de fées.

2 Montrez que la poupée est l'exact opposé de Cosette. Que symbolise-t-elle pour l'enfant ? Relevez la phrase qui formule cette prise de conscience.

Seule dans le noir (l. 324-501, chap. V, p. 74-81)

3 Comment Cosette essaie-t-elle d'abord de se rassurer ? Quelles sont ensuite les étapes qui marquent la progression de sa peur ?

4 Qu'est-ce qu'un récit fantastique ? Relevez les éléments et les expressions qui font des lignes 380 à 452 un épisode fantastique.

5 Dans les lignes 452 à 492, quels détails rendent particulièrement insupportable le martyre de l'enfant ? Comment le narrateur exprime-t-il sa pitié ?

6 Pourquoi l'enfant n'a-t-elle pas peur de l'intervention de la « grande forme noire » (l. 496) ?

L'inconnu (l. 502-615, chap. VII, p. 81-85)

7 Quels indices le chapitre VII nous donne-t-il sur l'identité de l'inconnu ? Qu'attendons-nous désormais ?

« Un affreux pauvre ? » l. 616 à 861 (chap. VIII)

Avez-vous bien lu ?

Le nouveau client de l'auberge :

- ❏ a trouvé la pièce de quinze sous perdue par Cosette ?
- ❏ a trouvé par terre une pièce de vingt sous ?
- ❏ a donné une pièce de vingt sous qui lui appartenait ?

Le nouveau client (l. 616-707, p. 85-88)

1 L'accueil réservé au voyageur (l. 614-662) est-il conforme à ce que nous savons déjà des Thénardier ? Justifiez votre réponse.

2 Comment le portrait de Cosette (l. 663 à 707) est-il organisé ? Quelles impressions produit-il sur le lecteur ?

La pièce de quinze sous (l. 708-758, p. 88-90)

3 Cosette est-elle la seule à mentir ? Quels sont les motifs des autres menteurs ?

« Joue ! » (l. 759-861, p. 90-93)

4 Comparez la description des filles Thénardier à celle de Cosette. Quels sont les effets recherchés ? Expliquez la remarque du narrateur aux lignes 792-794.

5 La réplique de la ligne 858 fait-elle peur ou fait-elle rire ? Justifiez vos réponses.

6 Dans l'ensemble du chapitre VIII, relevez les termes qui expriment les sentiments de Cosette envers l'inconnu. Comment évoluent-ils ?

Vers l'expression

Vocabulaire

1. **Expliquez la formation des noms *sagacité* (l. 304) et *souveraineté* (l. 779). Formez de la même manière les noms dérivés des adjectifs suivants.**
Agile – habile – honnête – opportun – opiniâtre.

2. ***Prodigue* (l. 290) et *prodige* sont des paronymes : quel est le sens de ce terme ? Donnez d'autres exemples de paronymes.**

3. **Sur le modèle de *verte de peur*, recopiez et complétez les expressions suivantes, puis employez-les dans des phrases.**
Être .... de honte – avoir une peur .... – rire .... – se mettre au .... – broyer du ....

À vous de jouer

Faites une recherche

La forêt occupe une grande place dans les légendes et les contes. Faites des recherches sur quelques œuvres où ce thème est présent, puis dites si la forêt y est le plus souvent rassurante ou inquiétante.

Rédigez un portrait

« [La crainte] était devenue ce qu'on pourrait appeler son habitude de corps ». (l. 692-693). En vous inspirant des procédés de Victor Hugo, rédigez le portrait d'une personne réelle ou imaginaire qui aura pour « habitude de corps » le sentiment ou le caractère de votre choix (vitalité, gentillesse, arrogance, paresse, vanité, etc.).

Du texte à l'image

Observez le tableau → voir dossier images p. III

Max Ernst (1891-1976), *La Dernière Forêt*, 1960-1969, huile sur toile (1,14 x 1,45 m), dépôt du Centre Pompidou au musée d'Art moderne de Saint-Étienne.

1 Essayez de dire ce que vous voyez au premier plan du tableau. Quels problèmes rencontrez-vous ? Que signifie selon vous le titre de cette peinture ? Vous aide-t-il à préciser ce que vous voyez ?

2 Quels contrastes repérez-vous dans l'image ? Quels effets produisent-ils ? Que ressentez-vous face à cette œuvre ?

3 Cherchez le sens des mots *surréalisme* et *surréaliste* en peinture ou en littérature. En quoi *La Dernière Forêt* est-il surréaliste ?

4 Relisez l'épisode de Cosette seule dans la forêt (l. 380-444, p. 77-80). En quoi l'évocation de la forêt est-elle proche de ce que Max Ernst a représenté ? Appuyez-vous sur les personnifications, les métaphores et les comparaisons.

5 Lisez une biographie de Max Ernst. A-t-il traité le thème de la forêt dans d'autres œuvres ? Quel nouveau sens peut prendre le titre de ce tableau ?

Le Thénardier s'était remis à boire. Sa femme lui dit à l'oreille :
– Qu'est-ce que ça peut être que cet homme jaune ?
– J'ai vu, répondit souverainement[1] Thénardier, des millionnaires qui avaient des redingotes comme cela.

Cosette avait laissé là son tricot, mais elle n'était pas sortie de sa place. Cosette bougeait toujours le moins possible. Elle avait pris dans une boîte derrière elle quelques vieux chiffons et son petit sabre de plomb.

Éponine et Azelma ne faisaient aucune attention à ce qui se passait. Elles venaient d'exécuter une opération fort importante ; elles s'étaient emparées du chat. Elles avaient jeté la poupée à terre, et Éponine, qui était l'aînée, emmaillotait[2] le petit chat, malgré ses miaulements et ses contorsions, avec une foule de nippes[3] et de guenilles[4] rouges et bleues. Tout en faisant ce grave[5] et difficile travail, elle disait à sa sœur dans ce doux et adorable langage des enfants dont la grâce, pareille à la splendeur de l'aile des papillons, s'en va quand on veut la fixer :
– Vois-tu, ma sœur, cette poupée-là est plus amusante que l'autre. Elle remue, elle crie, elle est chaude. Vois-tu, ma sœur, jouons avec. Ce serait ma petite fille. Je serais une dame. Je viendrais te voir et tu la regarderais. Peu à peu tu verrais ses moustaches, et cela t'étonnerait. Et puis tu verrais ses oreilles, et puis tu verrais sa queue, et cela t'étonnerait. Et tu me dirais : Ah ! mon Dieu ! et je te dirais : Oui, madame, c'est une petite fille que j'ai comme ça. Les petites filles sont comme ça à présent.

Azelma écoutait Éponine avec admiration.

Cependant, les buveurs s'étaient mis à chanter une chanson obscène[6] dont ils riaient à faire trembler le plafond. Le Thénardier les encourageait et les accompagnait.

Comme les oiseaux font un nid avec tout, les enfants font une poupée avec n'importe quoi. Pendant qu'Éponine

1. Sur un ton supérieur.
2. Enveloppait de morceaux de tissus.
3. Vêtements usés.
4. Vêtements misérables et déchirés.
5. Important.
6. Grossière.

et Azelma emmaillotaient le chat, Cosette de son côté avait emmailloté le sabre. Cela fait, elle l'avait couché sur ses bras, et elle chantait doucement pour l'endormir. [...]

Une petite fille sans poupée est à peu près aussi malheureuse et tout à fait aussi impossible qu'une femme sans enfant.

Cosette s'était donc fait une poupée avec le sabre.

La Thénardier, elle, s'était rapprochée de l'*homme jaune*.

– Mon mari a raison, pensait-elle, c'est peut-être monsieur Laffitte[1]. Il y a des riches si farces[2] !

Elle vint s'accouder à sa table.

– Monsieur… dit-elle.

À ce mot *monsieur*, l'homme se retourna. La Thénardier ne l'avait encore appelé que *brave homme* ou *bonhomme*.

– Voyez-vous, monsieur, poursuivit-elle en prenant son air douceâtre qui était encore plus fâcheux à voir que son air féroce, je veux bien que l'enfant joue, je ne m'y oppose pas, mais c'est bon pour une fois, parce que vous êtes généreux. Voyez-vous, cela n'a rien. Il faut que cela travaille.

– Elle n'est donc pas à vous, cette enfant ? demanda l'homme.

– Oh mon Dieu non, monsieur ! C'est une petite pauvre que nous avons recueillie comme cela, par charité. Une espèce d'enfant imbécile[3]. Elle doit avoir de l'eau dans la tête. Elle a la tête grosse, comme vous voyez. Nous faisons pour elle ce que nous pouvons, car nous ne sommes pas riches. Nous avons beau écrire à son pays[4], voilà six mois qu'on ne nous répond plus. Il faut croire que sa mère est morte.

– Ah ! dit l'homme, et il retomba dans sa rêverie.

– C'était une pas grand chose que cette mère, ajouta la Thénardier. Elle abandonnait son enfant. [...]

Cosette, sous la table, regardait le feu qui se réverbérait[5] dans son œil fixe ; elle s'était remise à bercer l'espèce de maillot qu'elle

1. Jacques Laffitte était un banquier richissime.
2. Drôles, originaux.
3. Idiote, demeurée.
4. Sa région d'origine.
5. Reflétait.

avait fait, et, tout en le berçant, elle chantait à voix basse : « Ma mère est morte ! ma mère est morte ! ma mère est morte ! »

Sur de nouvelles insistances de l'hôtesse, l'homme jaune, « le millionnaire », consentit enfin à souper.

– Que veut monsieur ?

– Du pain et du fromage, dit l'homme.

– Décidément c'est un gueux[6], pensa la Thénardier.

Les ivrognes chantaient toujours leur chanson, et l'enfant, sous la table, chantait aussi la sienne.

Tout à coup Cosette s'interrompit. Elle venait de se retourner et d'apercevoir la poupée des petites Thénardier qu'elles avaient quittée pour le chat et laissée à terre, à quelques pas de la table de cuisine.

Alors elle laissa tomber le sabre emmailloté qui ne lui suffisait qu'à demi, puis elle promena lentement ses yeux autour de la salle. La Thénardier parlait bas à son mari, et comptait de la monnaie, Ponine et Zelma jouaient avec le chat, les voyageurs mangeaient, ou buvaient, ou chantaient, aucun regard n'était fixé sur elle. Elle n'avait pas un moment à perdre. Elle sortit de dessous la table en rampant sur ses genoux et sur ses mains, s'assura encore une fois qu'on ne la guettait pas, puis se glissa vivement jusqu'à la poupée, et la saisit. Un instant après elle était à sa place, assise, immobile, tournée seulement de manière à faire de l'ombre sur la poupée qu'elle tenait dans ses bras. Ce bonheur de jouer avec une poupée était tellement rare pour elle qu'il avait toute la violence d'une volupté[7].

Personne ne l'avait vue, excepté le voyageur, qui mangeait lentement son maigre souper.

Cette joie dura près d'un quart d'heure.

Mais, quelque précaution que prît Cosette, elle ne s'apercevait pas qu'un des pieds de la poupée – *passait*[8], – et que le

6. Pauvre.
7. Plaisir extrême.
8. Dépassait.

feu de la cheminée l'éclairait très vivement. Ce pied rose et lumineux qui sortait de l'ombre frappa subitement le regard d'Azelma qui dit à Éponine : – Tiens ! ma sœur !

Les deux petites filles s'arrêtèrent, stupéfaites. Cosette avait osé prendre la poupée !

Éponine se leva, et, sans lâcher le chat, alla vers sa mère et se mit à la tirer par sa jupe.

– Mais laisse-moi donc ! dit la mère. Qu'est-ce que tu me veux ?

– Mère, dit l'enfant, regarde donc !

Et elle désignait du doigt Cosette. Cosette, elle, tout entière aux extases de la possession, ne voyait et n'entendait plus rien.

Le visage de la Thénardier prit cette expression particulière qui se compose du terrible mêlé aux riens de la vie et qui a fait nommer ces sortes de femmes : mégères[1].

Cette fois, l'orgueil blessé exaspérait[2] encore sa colère. Cosette avait franchi tous les intervalles, Cosette avait attenté à la poupée de « ces demoiselles ». Une czarine[3] qui verrait un mougick[4] essayer le grand cordon bleu[5] de son impérial fils n'aurait pas une autre figure.

Elle cria d'une voix que l'indignation enrouait.

– Cosette !

Cosette tressaillit comme si la terre eût tremblé sous elle. Elle se retourna.

– Cosette ! répéta la Thénardier.

Cosette prit la poupée et la posa doucement à terre avec une sorte de vénération[6] mêlée de désespoir. Alors, sans la quitter des yeux, elle joignit les mains, et, ce qui est effrayant à dire dans un enfant de cet âge, elle se les tordit ; puis, ce que n'avait pu lui arracher aucune des émotions de la journée, ni la course dans le bois, ni la pesanteur du seau d'eau, ni la perte de l'argent, ni la vue du martinet,

Czar, tsar

Ce terme désigne le souverain de Russie. Il vient du latin *Caesar*, comme le terme allemand *Kaiser*. L'orthographe du mot a varié. Au XVIIIe siècle, le tsar Pierre le Grand prit le titre d'Empereur, d'où l'expression « impérial fils » pour désigner le fils du tsar.

1. Femmes colériques, harpies.
2. Augmentait.
3. Épouse du tsar, souverain de Russie.
4. Paysan russe.
5. Ruban de l'insigne de l'Ordre de Saint-André, décoration que les fils du tsar recevaient le jour de leur baptême.
6. Adoration.

ni même la sombre parole qu'elle avait entendu dire à la Thénardier, – elle pleura. Elle éclata en sanglots.

Cependant le voyageur s'était levé.

– Qu'est-ce donc ? dit-il à la Thénardier.

– Vous ne voyez pas ? dit la Thénardier en montrant du doigt le corps du délit[7] qui gisait aux pieds de Cosette.

– Hé bien, quoi ? reprit l'homme.

– Cette gueuse, répondit la Thénardier, s'est permis de toucher à la poupée des enfants !

– Tout ce bruit pour cela ! dit l'homme. Eh bien, quand elle jouerait avec cette poupée ?

– Elle y a touché avec ses mains sales ! poursuivit la Thénardier, avec ses affreuses mains !

Ici Cosette redoubla ses sanglots.

– Te tairas-tu ! cria la Thénardier.

L'homme alla droit à la porte de la rue, l'ouvrit et sortit.

Dès qu'il fut sorti, la Thénardier profita de son absence pour allonger sous la table à Cosette un grand coup de pied qui fit jeter à l'enfant les hauts cris.

La porte se rouvrit, l'homme reparut, il portait dans ses deux mains la poupée fabuleuse dont nous avons parlé, et que tous les marmots du village contemplaient depuis le matin, et il la posa debout devant Cosette en disant :

– Tiens, c'est pour toi.

Il faut croire que, depuis plus d'une heure qu'il était là, au milieu de sa rêverie, il avait confusément remarqué cette boutique de bimbeloterie éclairée de lampions et de chandelles si splendidement qu'on l'apercevait à travers la vitre du cabaret comme une illumination.

Cosette leva les yeux, elle avait vu venir l'homme à elle avec cette poupée comme elle eût vu venir le soleil, elle enten-

7. Preuve de la faute.

Adrien Marie (1848-1891), *Éponine et Azelma regardant Cosette qui a reçu la poupée Catherine*, illustration pour l'édition des *Misérables* de 1906, BnF, Paris.

dit ces paroles inouïes[1] : C*'est pour toi*, elle le regarda, elle regarda la poupée, puis elle recula lentement, et s'alla cacher tout au fond sous la table dans le coin du mur.

Elle ne pleurait plus, elle ne criait plus, elle avait l'air de ne plus oser respirer.

La Thénardier, Éponine, Azelma étaient autant de statues. Les buveurs eux-mêmes s'étaient arrêtés. Il s'était fait un silence solennel[2] dans tout le cabaret. La Thénardier, pétrifiée et muette, recommençait ses conjectures[3] :

– Qu'est-ce que c'est que ce vieux ? Est-ce un pauvre ? Est-ce un millionnaire ? C'est peut-être les deux, c'est-à-dire un voleur. [...]

– Eh bien, Cosette, dit la Thénardier d'une voix qui voulait être douce et qui était toute composée de ce miel aigre des méchantes femmes, est-ce que tu ne prends pas ta poupée ?

Cosette se hasarda à sortir de son trou.

– Ma petite Cosette, reprit le Thénardier d'un air caressant, monsieur te donne une poupée. Prends-la. Elle est à toi.

Cosette considérait la poupée merveilleuse avec une sorte de terreur. Son visage était encore inondé de larmes, mais ses yeux commençaient à s'emplir, comme le ciel au crépuscule du matin, des rayonnements étranges de la joie. Ce qu'elle éprouvait en ce moment-là était un peu pareil à ce qu'elle eût ressenti si on lui eût dit brusquement : Petite, vous êtes la reine de France.

Il lui semblait que si elle touchait à cette poupée, le tonnerre en sortirait. Ce qui était vrai jusqu'à un certain point, car elle se disait que la Thénardier gronderait, et la battrait. Pourtant, l'attraction[4] l'emporta. Elle finit par s'approcher, et murmura timidement en se tournant vers la Thénardier :

– Est-ce que je peux, madame ?

1. *Au sens propre :* jamais entendues.
2. Grave, comme pour une cérémonie.
3. Suppositions, hypothèses.
4. Envie.

Aucune expression ne saurait rendre cet air à la fois désespéré, épouvanté et ravi.

– Pardi[1] ! fit la Thénardier, c'est à toi. Puisque monsieur te la donne.

– Vrai, monsieur ? reprit Cosette, est-ce que c'est vrai ? C'est à moi, la dame ?

L'étranger paraissait avoir les yeux pleins de larmes. Il semblait être à ce point d'émotion où l'on ne parle pas pour ne pas pleurer. Il fit un signe de tête à Cosette, et mit la main de « la dame » dans sa petite main.

Cosette retira vivement sa main, comme si celle de *la dame* la brûlait, et se mit à regarder le pavé. Nous sommes forcé d'ajouter qu'en cet instant-là elle tirait la langue d'une façon démesurée[2]. Tout à coup, elle se retourna et saisit la poupée avec emportement[3].

– Je l'appellerai Catherine, dit-elle.

Ce fut un moment bizarre que celui où les haillons de Cosette rencontrèrent et étreignirent[4] les rubans et les fraîches mousselines[5] roses de la poupée.

– Madame, reprit-elle, est-ce que je peux la mettre sur une chaise ?

– Oui, mon enfant, répondit la Thénardier.

Maintenant c'étaient Éponine et Azelma qui regardaient Cosette avec envie. Cosette posa Catherine sur une chaise, puis s'assit à terre devant elle, et demeura immobile, sans dire un mot, dans l'attitude de la contemplation[6].

– Joue donc, Cosette, dit l'étranger.

– Oh ! je joue, répondit l'enfant. [...]

Thénardier conduit l'étranger dans une chambre puis rejoint sa femme. Elle lui déclare que le lendemain elle « flanque Cosette à la porte ».

1. Bien sûr *(familier)*.
2. Excessive.
3. Passion.
4. Serrèrent.
5. Étoffes raffinées, légères et transparentes.
6. Admiration et méditation presque religieuses.

De son côté le voyageur avait déposé dans un coin son bâton et son paquet. L'hôte[7] parti, il s'assit sur un fauteuil et resta quelque temps pensif. Puis il ôta ses souliers, prit une des deux bougies, souffla l'autre, poussa la porte et sortit de la chambre, regardant autour de lui comme quelqu'un qui cherche. Il traversa un corridor[8] et parvint à l'escalier. Là il entendit un petit bruit très doux qui ressemblait à une respiration d'enfant. Il se laissa conduire par ce bruit et arriva à une espèce d'enfoncement triangulaire pratiqué sous l'escalier ou pour mieux dire formé par l'escalier même. Cet enfoncement n'était autre chose que le dessous des marches. Là, parmi toutes sortes de vieux paniers et de vieux tessons[9], dans la poussière et dans les toiles d'araignées, il y avait un lit; si l'on peut appeler lit une paillasse trouée jusqu'à montrer la paille et une couverture trouée jusqu'à laisser voir la paillasse. Point de draps. Cela était posé à terre sur le carreau. Dans ce lit Cosette dormait.

L'homme s'approcha, et la considéra. Cosette dormait profondément, elle était toute habillée. L'hiver elle ne se déshabillait pas pour avoir moins froid.

Elle tenait serrée contre elle la poupée dont les grands yeux ouverts brillaient dans l'obscurité. De temps en temps elle poussait un grand soupir comme si elle allait se réveiller, et elle étreignait[10] la poupée dans ses bras presque convulsivement. Il n'y avait à côté de son lit qu'un de ses sabots.

Une porte ouverte près du galetas[11] de Cosette laissait voir une assez grande chambre sombre. L'étranger y pénétra. Au fond, à travers une porte vitrée, on apercevait deux petits lits jumeaux très blancs. C'étaient ceux d'Azelma et d'Éponine. Derrière ces lits disparaissait à demi un berceau d'osier sans rideaux où dormait le petit garçon qui avait crié toute la soirée.

7. Aubergiste.
8. Couloir.
9. Débris de verre ou de poterie.
10. Serrait contre elle.
11. Logement sordide.

L'étranger conjectura[1] que cette chambre communiquait avec celle des époux Thénardier. Il allait se retirer quand son regard rencontra la cheminée ; une de ces vastes cheminées d'auberge où il y a toujours un si petit feu, quand il y a du feu, et qui sont si froides à voir. Dans celle-là il n'y avait pas de feu, il n'y avait pas même de cendre ; ce qui y était attira pourtant l'attention du voyageur. C'étaient deux petits souliers d'enfant de forme coquette et de grandeur inégale ; le voyageur se rappela la gracieuse et immémoriale[2] coutume des enfants qui déposent leur chaussure dans la cheminée le jour de Noël pour y attendre dans les ténèbres quelque étincelant cadeau de leur bonne fée. Éponine et Azelma n'avaient eu garde d'y manquer[3], et elles avaient mis chacune un de leurs souliers dans la cheminée.

Le voyageur se pencha.

La fée, c'est-à-dire la mère, avait déjà fait sa visite, et l'on voyait reluire dans chaque soulier une belle pièce de dix sous toute neuve.

L'homme se relevait et allait s'en aller lorsqu'il aperçut au fond, à l'écart, dans le coin le plus obscur de l'âtre[4], un autre objet. Il regarda, et reconnut un sabot, un affreux sabot du bois le plus grossier, à demi brisé et tout couvert de cendre et de boue desséchée. C'était le sabot de Cosette. Cosette, avec cette touchante confiance des enfants qui peut être trompée toujours sans se décourager jamais, avait mis, elle aussi, son sabot dans la cheminée.

C'est une chose sublime et douce que l'espérance dans un enfant qui n'a jamais connu que le désespoir.

Il n'y avait rien dans ce sabot. L'étranger fouilla dans son gilet, se courba, et mit dans le sabot de Cosette un louis d'or.

Puis il regagna sa chambre à pas de loup.

La bonne fée

Les cadeaux de Noël sont, selon la tradition chrétienne, une référence aux présents apportés par les rois mages à l'Enfant Jésus. Chez les Thénardier, qui ne fréquentent pas les églises, ces cadeaux sont apportés aux enfants par leur « bonne fée » – et non par saint Nicolas, traditionnel protecteur des enfants, ni par le père Noël, dont l'invention est plus tardive.

1. Devina.
2. Trop ancienne pour qu'on puisse se souvenir de son origine.
3. N'avaient pas oublié.
4. Du foyer de la cheminée.

IX

Thénardier à la manœuvre

Le lendemain matin, Thénardier prépare pour l'inconnu une facture (une « carte ») d'un prix scandaleusement élevé, et charge sa femme de la remettre au client, puis il sort.

Il était à peine hors de la salle que le voyageur y entra.

Le Thénardier reparut sur-le-champ derrière lui et demeura immobile dans la porte entrebâillée, visible seulement pour sa femme.

L'homme jaune portait à la main son bâton et son paquet.

– Levé si tôt ! dit la Thénardier, est-ce que monsieur nous quitte déjà ?

Tout en parlant ainsi, elle tournait d'un air embarrassé la carte dans ses mains et y faisait des plis avec ses ongles. Son visage dur offrait une nuance qui ne lui était pas habituelle, la timidité et le scrupule[5].

Présenter une pareille note à un homme qui avait si parfaitement l'air d'« un pauvre », cela lui paraissait malaisé[6].

Le voyageur semblait préoccupé et distrait. Il répondit :

– Oui, madame, je m'en vais.

– Monsieur, reprit-elle, n'avait donc pas d'affaires à Montfermeil ?

– Non. Je passe par ici. Voilà tout. – Madame, ajouta-t-il, qu'est-ce que je dois ?

La Thénardier, sans répondre, lui tendit la carte pliée.

L'homme déplia le papier, et le regarda, mais son attention était visiblement ailleurs.

5. L'inquiétude, la gêne.
6. Difficile.

– Madame, reprit-il, faites-vous de bonnes affaires dans ce Montfermeil ?

– Comme cela, monsieur, répondit la Thénardier stupéfaite de ne point voir d'autre explosion.

Elle poursuivit d'un accent élégiaque[1] et lamentable :

– Oh ! monsieur, les temps sont bien durs ! Et puis nous avons si peu de bourgeois dans nos endroits ! C'est tout petit monde, voyez-vous. Si nous n'avions pas par-ci par-là des voyageurs généreux et riches comme monsieur ! Nous avons tant de charges. Tenez, cette petite nous coûte les yeux de la tête.

– Quelle petite ?

– Eh bien, la petite, vous savez ! Cosette ! l'Alouette, comme on dit dans le pays !

– Ah ! dit l'homme.

Elle continua :

– Sont-ils bêtes, ces paysans, avec leurs sobriquets[2] ! Elle a plutôt l'air d'une chauve-souris que d'une alouette. Voyez-vous, monsieur, nous ne demandons pas la charité, mais nous ne pouvons pas la faire. Nous ne gagnons rien, et nous avons gros à payer. La patente, les impositions, les portes et fenêtres, les centimes ! Monsieur sait que le gouvernement demande un argent terrible. Et puis j'ai mes filles, moi. Je n'ai pas besoin de nourrir l'enfant des autres.

L'homme reprit, de cette voix qu'il s'efforçait de rendre indifférente et dans laquelle il y avait un tremblement :

– Et si l'on vous en débarrassait ?

– De qui ? de la Cosette ?

– Oui.

La face rouge et violente de la gargotière s'illumina d'un épanouissement hideux.

Les impôts

La patente est une taxe payée par les commerces. Les impositions comprennent la contribution foncière, liée à la propriété du terrain et la contribution personnelle, égale à trois journées de travail. L'impôt des portes et des fenêtres est calculé en fonction de la taille de la maison. Les centimes s'y ajoutent dans les situations exceptionnelles, comme les guerres.

1. Plaintif.
2. Surnoms familiers.

– Ah, monsieur ! Mon bon monsieur ! Prenez-la, gardez-la, emmenez-la, emportez-la, sucrez-la, truffez-la, buvez-la, mangez-la, et soyez béni de la bonne sainte Vierge et de tous les saints du paradis !

– C'est dit.

– Vrai ? Vous l'emmenez ?

– Je l'emmène.

– Tout de suite ?

– Tout de suite. Appelez l'enfant.

– Cosette ! cria la Thénardier.

– En attendant, poursuivit l'homme, je vais toujours vous payer ma dépense. Combien est-ce ?

Il jeta un coup d'œil sur la carte et ne put réprimer un mouvement de surprise :

– Vingt-trois francs !

Il regarda la gargotière et répéta :

– Vingt-trois francs ?

Il y avait dans la prononciation de ces deux mots ainsi répétés l'accent qui sépare le point d'exclamation du point d'interrogation. La Thénardier avait eu le temps de se préparer au choc. Elle répondit avec assurance :

– Dame oui, monsieur ! C'est vingt-trois francs.

L'étranger posa cinq pièces de cinq francs sur la table.

– Allez chercher la petite, dit-il.

En ce moment le Thénardier s'avança au milieu de la salle et dit :

– Monsieur doit vingt-six sous.

– Vingt-six sous ! s'écria la femme.

– Vingt sous pour la chambre, reprit le Thénardier froidement, et six sous pour le souper. Quant à la petite, j'ai besoin d'en causer un peu avec monsieur. Laisse-nous, ma femme.

La Thénardier eut un de ces éblouissements que donnent les éclairs imprévus du talent. Elle sentit que le grand acteur entrait en scène, ne répliqua pas un mot, et sortit.

Dès qu'ils furent seuls, le Thénardier offrit une chaise au voyageur. Le voyageur s'assit ; le Thénardier resta debout, et son visage prit une singulière expression de bonhomie[1] et de simplicité.

– Monsieur, dit-il, tenez, je vais vous dire, c'est que je l'adore, moi, cette enfant. [...] Pardon, excuse, monsieur, mais on ne donne point son enfant comme ça à un passant. Pas vrai que j'ai raison ? Après cela, je ne dis pas, vous êtes riche, vous avez l'air d'un bien brave homme, si c'était pour son bonheur ? Mais il faudrait savoir. Vous comprenez ? Une supposition que je la laisserais aller et que je me sacrifierais, je voudrais savoir où elle va, je ne voudrais pas la perdre de vue, je voudrais savoir chez qui elle est, pour l'aller voir de temps en temps, qu'elle sache que son bon père nourricier est là, qu'il veille sur elle. Enfin il y a des choses qui ne sont pas possibles. Je ne sais seulement pas votre nom. Vous l'emmèneriez, je dirais : eh bien, l'Alouette ? Où donc a-t-elle passé ? Il faudrait au moins voir quelque méchant[2] chiffon de papier, un petit bout de passeport, quoi !

L'étranger, sans cesser de le regarder de ce regard qui va, pour ainsi dire, jusqu'au fond de la conscience, lui répondit d'un accent grave et ferme :

– Monsieur Thénardier, on n'a pas de passeport pour venir à cinq lieues de Paris. Si j'emmène Cosette, je l'emmènerai, voilà tout. Vous ne saurez pas mon nom, vous ne saurez pas ma demeure, vous ne saurez pas où elle sera, et mon intention est qu'elle ne vous revoie de sa vie. Je casse le fil qu'elle a au pied, et elle s'en va. Cela vous convient-il ? Oui ou non. [...]

– Monsieur, dit [Thénardier], il me faut quinze cents francs.

Les passeports

Les passeports sont un moyen de lutte contre le vagabondage, qui est un délit au XIXe siècle. Le Règlement de 1816 stipule que tous les Français de plus de 15 ans doivent avoir un « passeport de l'intérieur » pour se déplacer hors de leur département. Il leur en coûte 2 francs. Le document précise le lieu de départ et le lieu d'arrivée du voyageur.

1. Gentillesse.
2. Petit.

L'étranger prit dans sa poche de côté un vieux portefeuille en cuir noir, l'ouvrit et en tira trois billets de banque qu'il posa sur la table. Puis il appuya son large pouce sur ces billets, et dit au gargotier :

– Faites venir Cosette.

Pendant que ceci se passait, que faisait Cosette ?

Cosette, en s'éveillant, avait couru à son sabot. Elle y avait trouvé la pièce d'or. Ce n'était pas un napoléon, c'était une de ces pièces de vingt francs toutes neuves de la Restauration sur l'effigie[3] desquelles la petite queue prussienne avait remplacé la couronne de laurier. Cosette fut éblouie. Sa destinée commençait à l'enivrer[4]. Elle ne savait pas ce que c'était qu'une pièce d'or, elle n'en avait jamais vu, elle la cacha bien vite dans sa poche comme si elle l'avait volée. Cependant elle sentait que cela était bien à elle, elle devinait d'où ce don[5] lui venait, mais elle éprouvait une sorte de joie pleine de peur. Elle était contente ; elle était surtout stupéfaite. Ces choses si magnifiques et si jolies ne lui paraissaient pas réelles. La poupée lui faisait peur, la pièce d'or lui faisait peur. Elle tremblait vaguement devant ces magnificences[6]. L'étranger seul ne lui faisait pas peur. Au contraire, il la rassurait. Depuis la veille, à travers ses étonnements, à travers son sommeil, elle songeait dans son petit esprit d'enfant à cet homme qui avait l'air vieux et pauvre et si triste, et qui était si riche et si bon. Depuis qu'elle avait rencontré ce bonhomme dans le bois, tout était comme changé pour elle. Cosette, moins heureuse que la moindre hirondelle du ciel, n'avait jamais su ce que c'est que de se réfugier à l'ombre de sa mère et sous une aile. Depuis cinq ans, c'est-à-dire aussi loin que pouvaient remonter ses souvenirs, la pauvre enfant frissonnait et grelottait. Elle avait toujours été toute nue sous la bise[7] aigre du malheur, main-

Napoléons et louis d'or

Sous la Restauration, les pièces émises pendant le Premier Empire sont toujours en circulation. Les napoléons représentent l'empereur coiffé d'une couronne de laurier, à l'imitation des empereurs romains. Le nouveau régime fait graver des pièces à l'effigie de Louis XVIII. Le roi est représenté avec une sorte de queue de cheval imitant la coiffure des militaires prussiens.

3. Visage représenté sur une médaille ou une monnaie.
4. Lui faire tourner la tête.
5. Cadeau.
6. Dépenses extraordinaires pour des achats de luxe.
7. Vent froid du nord.

tenant il lui semblait qu'elle était vêtue. Autrefois son âme avait froid, maintenant elle avait chaud. Cosette n'avait plus autant de crainte de la Thénardier. Elle n'était plus seule ; il y avait quelqu'un là.

Elle s'était mise bien vite à sa besogne[1] de tous les matins. Ce louis, qu'elle avait sur elle, dans ce même gousset[2] de son tablier d'où la pièce de quinze sous était tombée la veille, lui donnait des distractions. Elle n'osait pas y toucher, mais elle passait des cinq minutes à le contempler, il faut le dire, en tirant la langue. Tout en balayant l'escalier, elle s'arrêtait, et restait là, immobile, oubliant le balai et l'univers entier, occupée à regarder cette étoile briller au fond de sa poche.

Ce fut dans une de ces contemplations que la Thénardier la rejoignit.

Sur l'ordre de son mari, elle l'était allée chercher. Chose inouïe, elle ne lui donna pas une tape et ne lui dit pas une injure.

– Cosette, dit-elle presque doucement, viens tout de suite.

Un instant après, Cosette entrait dans la salle basse.

L'étranger prit le paquet qu'il avait apporté et le dénoua. Ce paquet contenait une petite robe de laine, un tablier, une brassière de futaine[3], un jupon, un fichu, des bas de laine, des souliers, un vêtement complet pour une fille de sept ans. Tout cela était noir.

– Mon enfant, dit l'homme, prends ceci et va t'habiller bien vite.

Le jour paraissait lorsque ceux des habitants de Montfermeil qui commençaient à ouvrir leurs portes virent passer dans la rue de Paris un bonhomme pauvrement vêtu donnant la main à une petite fille tout en deuil qui portait une poupée

1. Son travail.
2. Poche.
3. Étoffe pelucheuse.

rose dans ses bras. Ils se dirigeaient du côté de Livry. C'étaient notre homme et Cosette.

Personne ne connaissait l'homme ; comme Cosette n'était plus en guenilles, beaucoup ne la reconnurent pas.

Cosette s'en allait. Avec qui ? Elle l'ignorait. Où ? Elle ne savait. Tout ce qu'elle comprenait, c'est qu'elle laissait derrière elle la gargote Thénardier. Personne n'avait songé à lui dire adieu, ni elle à dire adieu à personne. Elle sortait de cette maison haïe et haïssant.

Pauvre doux être dont le cœur n'avait été jusqu'à cette heure que comprimé[4] !

Cosette marchait gravement, ouvrant ses grands yeux et considérant le ciel. Elle avait mis son louis dans la poche de son tablier neuf. De temps en temps elle se penchait et lui jetait un coup d'œil, puis elle regardait le bonhomme. Elle sentait quelque chose comme si elle était près du bon Dieu. […]

X

Qui cherche le mieux peut trouver le pire

Mais Thénardier rattrape l'homme et l'enfant.

– Pardon, excuse, monsieur, dit-il tout essoufflé, mais voici vos quinze cents francs.

En parlant ainsi, il tendait à l'étranger les trois billets de banque.

L'homme leva les yeux :

4. Serré.

– Qu'est-ce que cela signifie ?

Le Thénardier répondit respectueusement :

– Monsieur, cela signifie que je reprends Cosette.

Cosette frissonna et se serra contre le bonhomme.

Lui, il répondit en regardant le Thénardier dans le fond des yeux et en espaçant toutes ses syllabes :

– Vous-re-pre-nez-Cosette ?

– Oui, monsieur, je la reprends. Je vais vous dire, j'ai réfléchi. Au fait, je n'ai pas le droit de vous la donner. Je suis un honnête homme, voyez-vous. Cette petite n'est pas à moi, elle est à sa mère. C'est sa mère qui me l'a confiée, je ne puis la remettre qu'à sa mère. Vous me direz : Mais la mère est morte. Bon. En ce cas, je ne puis rendre l'enfant qu'à une personne qui m'apporterait un écrit signé de la mère comme quoi je dois remettre l'enfant à cette personne-là. Cela est clair. […]

– Vous avez raison. Lisez.

Le Thénardier prit le papier, et lut :

Montreuil-sur-mer, le 25 mars 1823.

« Monsieur Thénardier,

« Vous remettrez Cosette à la personne. – On vous payera toutes les petites choses.

« J'ai l'honneur de vous saluer avec considération.

« Fantine. »

– Vous connaissez cette signature ? reprit l'homme.

C'était bien la signature de Fantine. Le Thénardier la reconnut.

Il n'y avait rien à répliquer. Il sentit deux violents dépits[1], le dépit de renoncer à la corruption[2] qu'il espérait, et le dépit d'être battu. L'homme ajouta :

– Vous pouvez garder ce papier pour votre décharge[3].

1. Colères dues à une déception.
2. L'argent.
3. Document qui décharge d'une responsabilité.

Le Thénardier se replia[4] en bon ordre.

– Cette signature est assez bien imitée, grommela-t-il entre ses dents. Enfin, soit!

Puis il essaya un effort désespéré.

– Monsieur, dit-il, c'est bon. Puisque vous êtes la personne. Mais il faut me payer « toutes les petites choses ». On me doit gros[5].

L'homme se dressa debout, et dit en époussetant avec des chiquenaudes[6] sa manche râpée où il y avait de la poussière :

– Monsieur Thénardier, en janvier la mère comptait qu'elle vous devait cent vingt francs; vous lui avez envoyé en février un mémoire de cinq cents francs; vous avez reçu trois cents francs fin février et trois cents francs au commencement de mars. Il s'est écoulé depuis lors neuf mois à quinze francs, prix convenu, cela fait cent trente-cinq francs. Vous aviez reçu cent francs de trop. Reste trente-cinq francs qu'on vous doit. Je viens de vous donner quinze cents francs. […] Viens, Cosette.

Il prit Cosette de la main gauche, et de la droite il ramassa son bâton qui était à terre. Le Thénardier remarqua l'énormité de la trique[7] et la solitude du lieu.

L'homme s'enfonça dans le bois avec l'enfant, laissant le gargotier immobile et interdit[8]. […]

4. Battit en retraite.
5. Une grosse somme.
6. Petits coups donnés avec un doigt replié sur le pouce et relâché vivement.
7. Gros bâton qui sert pour marcher ou pour frapper.
8. Sidéré.

Livre Quatrième

La masure[1] Gorbeau

Après son évasion de la prison de Montreuil-sur-mer, Jean Valjean a été repris et condamné au bagne. Alors qu'il participait à des travaux sur un navire, dans le port de Toulon, il a sauvé un matelot en péril en haut du gréement[2], mais en redescendant il est tombé à la mer. Son corps n'a pas été repêché, il a été considéré comme mort. En réalité, il a réussi à regagner la côte et à se cacher. L'inconnu de Montfermeil, le sauveur de Cosette, c'est donc lui, Jean Valjean.

II

Nid pour hibou et fauvette

Avec l'argent caché lors de sa première évasion, Jean Valjean a loué un logement discret à Paris, dans « la masure Gorbeau ». Le soir même de son retour de Montfermeil, il s'y installe avec Cosette.

Au fond il y avait un cabinet avec un lit de sangle[3]. Jean Valjean porta l'enfant sur ce lit et l'y déposa sans qu'elle s'éveillât.

Il battit le briquet[4], et alluma une chandelle ; tout cela était préparé d'avance sur la table ; et, comme il l'avait fait la veille, il se mit à considérer Cosette d'un regard plein d'extase où l'expression de la bonté et de l'attendrissement allait presque jusqu'à l'égarement. La petite fille, avec cette confiance tranquille qui n'appartient qu'à l'extrême force et

1. Maison délabrée.
2. Des voiles.
3. Lit de camp.
4. Petite pièce de métal qu'on « battait » (frappait) contre un silex pour allumer du feu.

qu'à l'extrême faiblesse, s'était endormie sans savoir avec qui elle était, et continuait de dormir sans savoir où elle était.

Jean Valjean se courba et baisa la main de cette enfant. Neuf mois auparavant il baisait la main de la mère qui, elle aussi, venait de s'endormir. Le même sentiment douloureux, religieux, poignant, lui remplissait le cœur. Il s'agenouilla près du lit de Cosette.

Il faisait grand jour que l'enfant dormait encore. Un rayon pâle du soleil de décembre traversait la croisée[5] du galetas[6] et traînait sur le plafond de longs filandres[7] d'ombre et de lumière. Tout à coup une charrette de carrier[8], lourdement chargée, qui passait sur la chaussée du boulevard, ébranla la baraque comme un roulement d'orage et la fit trembler du haut en bas.

– Oui, madame ! cria Cosette réveillée en sursaut, voilà ! voilà !

Et elle se jeta à bas du lit, les paupières encore à demi fermées par la pesanteur[9] du sommeil, étendant le bras vers l'angle du mur.

– Ah ! mon Dieu ! mon balai ! dit-elle.

Elle ouvrit tout à fait les yeux, et vit le visage souriant de Jean Valjean.

– Ah ! tiens, c'est vrai ! dit l'enfant. Bonjour, monsieur.

Les enfants acceptent tout de suite et familièrement la joie et le bonheur, étant eux-mêmes naturellement bonheur et joie.

Cosette aperçut Catherine au pied de son lit, et s'en empara, et, tout en jouant, elle faisait cent questions à Jean Valjean. – Où elle était ? Si c'était grand, Paris ? Si madame Thénardier était bien loin ? Si elle ne reviendrait pas ? etc., etc. Tout à coup elle s'écria : – Comme c'est joli ici !

5. Fenêtre.
6. Logis misérable.
7. Raies fines.
8. Personne qui extrait les pierres d'une carrière.
9. Lourdeur.

C'était un affreux taudis; mais elle se sentait libre.

– Faut-il que je balaye? reprit-elle enfin.

– Joue, dit Jean Valjean.

La journée se passa ainsi. Cosette, sans s'inquiéter de rien comprendre, était inexprimablement heureuse entre cette poupée et ce bonhomme.

III

Deux malheurs mêlés font du bonheur

Le lendemain au point du jour, Jean Valjean était encore près du lit de Cosette. Il attendit là, immobile, et il la regarda se réveiller.

Quelque chose de nouveau lui entrait dans l'âme.

Jean Valjean n'avait jamais rien aimé. Depuis vingt-cinq ans il était seul au monde. Il n'avait jamais été père, amant, mari, ami. Au bagne il était mauvais, sombre, chaste, ignorant et farouche [...]

Quand il vit Cosette, quand il l'eut prise, emportée et délivrée, il sentit se remuer ses entrailles. Tout ce qu'il y avait de passionné et d'affectueux en lui s'éveilla et se précipita vers cet enfant. Il allait près du lit où elle dormait, et il y tremblait de joie; il éprouvait des épreintes[1] comme une mère et il ne savait ce que c'était; car c'est une chose bien obscure et bien douce que ce grand et étrange mouvement d'un cœur qui se met à aimer.

Pauvre vieux cœur tout neuf!

1. Contractions douloureuses de l'accouchement.

Seulement, comme il avait cinquante-cinq ans et que Cosette en avait huit, tout ce qu'il aurait pu avoir d'amour dans toute sa vie se fondit[2] en une sorte de lueur ineffable.

C'était la deuxième apparition blanche qu'il rencontrait. L'évêque avait fait lever à son horizon l'aube de la vertu ; Cosette y faisait lever l'aube de l'amour.

Les premiers jours s'écoulèrent dans cet éblouissement.

De son côté, Cosette, elle aussi, devenait autre, à son insu[3], pauvre petit être ! Elle était si petite quand sa mère l'avait quittée qu'elle ne s'en souvenait plus. Comme tous les enfants, pareils aux jeunes pousses de la vigne qui s'accrochent à tout, elle avait essayé d'aimer. Elle n'y avait pu réussir. Tous l'avaient repoussée, les Thénardier, leurs enfants, d'autres enfants. Elle avait aimé le chien, qui était mort. Après quoi, rien n'avait voulu d'elle, ni personne. Chose lugubre à dire, et que nous avons déjà indiquée, à huit ans elle avait le cœur froid. Ce n'était pas sa faute, ce n'était point la faculté d'aimer qui lui manquait ; hélas ! c'était la possibilité. Aussi, dès le premier jour, tout ce qui sentait et songeait en elle se mit à aimer ce bonhomme. Elle éprouvait ce qu'elle n'avait jamais ressenti, une sensation d'épanouissement. [...]

La destinée unit brusquement et fiança[4] avec son irrésistible puissance ces deux existences déracinées, différentes par l'âge, semblables par le deuil. L'une en effet complétait l'autre. L'instinct de Cosette cherchait un père comme l'instinct de Jean Valjean cherchait un enfant. Se rencontrer, ce fut se trouver. Au moment mystérieux où leurs deux mains se touchèrent, elles se soudèrent[5]. Quand ces deux âmes s'aperçurent, elles se reconnurent comme étant le besoin l'une de l'autre et s'embrassèrent étroitement.

L'évêque Myriel

Monseigneur Myriel, évêque de Digne, a offert généreusement l'hospitalité à Jean Valjean alors qu'il sortait du bagne, après sa première condamnation. Le bagnard, plein de ressentiment envers la société, lui vole de l'argenterie pendant la nuit et s'enfuit. Rattrapé par des gendarmes, il est amené devant l'évêque qui l'innocente, en affirmant lui avoir fait cadeau des objets volés. Jean Valjean, devant cet exemple de bonté, décide de faire le bien autour de lui.

2. Se mélangea.
3. Sans le savoir.
4. Lia.
5. S'unirent.

En prenant les mots dans leur sens le plus compréhensif[6] et le plus absolu, on pourrait dire que, séparés de tout par des murs de tombe, Jean Valjean était le Veuf comme Cosette était l'Orpheline. Cette situation fit que Jean Valjean devint d'une façon céleste le père de Cosette. Et, en vérité, l'impression mystérieuse produite à Cosette, au fond du bois de Chelles, par la main de Jean Valjean saisissant la sienne dans l'obscurité, n'était pas une illusion, mais une réalité. L'entrée de cet homme dans la destinée de cet enfant avait été l'arrivée de Dieu.

6. Large, étendu.

La masure Gorbeau,
gravure de Gustave Brion (1824-1877)
pour l'édition Hetzel des *Misérables*.

Pause lecture 4

Quatrième partie : Cosette (2)

Cosette sauvée

Histoires de poupées l. 1 à 214

Avez-vous bien lu ?

Quand Cosette est surprise avec la poupée des filles Thénardier :

❏ Elle se révolte pour la garder.
❏ Elle se met à pleurer.
❏ Elle s'enfuit pour échapper aux coups.

Jeux d'enfants (l. 1-71, p. 99-101)

1 À quoi jouent les filles des Thénardier ? Et Cosette ? Expliquez en quoi les différents jeux reflètent la personnalité des enfants.

2 Relevez tous les termes qui désignent l'inconnu : quelles sont leurs connotations (cherchez le sens de ce mot) ? Comment sont-ils mis en évidence dans le texte ?

3 Qui chante dans l'auberge ? Quelles sortes de chanson ? Que montre ainsi le narrateur ?

Crime de lèse-enfants (l. 72-143, p. 101-103)

4 Relevez les termes qui expriment les sentiments des différents personnages impliqués dans cet épisode. L'inconnu manifeste-t-il ce qu'il ressent ?

« C'est pour toi ! » (l. 144-214, p. 103-106)

5 Quelles impressions produit sur Cosette le don de la « poupée merveilleuse » (l. 174) ? Citez le texte à l'appui de vos réponses.

6 Expliquez les deux dernières répliques.

Noël chez les Thénardier l. 215 à 527

Avez-vous bien lu ?

Le voyageur a finalement payé, pour la nuit et pour Cosette :

- ❏ Vingt-trois francs et mille cinq cents francs ?
- ❏ Vingt-six sous et sept cent trente cinq francs ?
- ❏ Vingt-six sous et quinze cents francs ?

La nuit de Noël (l. 215-276, p. 107-108)

1 Quels détails viennent compléter le tableau de la vie misérable de Cosette ?

2 Quel rôle joue l'inconnu en mettant un louis d'or dans le sabot de Cosette ?

Négociations (l. 277-396, p. 109-113)

3 Que révèlent les réactions de madame Thénardier à la proposition du voyageur ?

4 Les arguments de Thénardier sont-ils habiles ? Lesquels ont du poids ? Lesquels sont de purs mensonges ?

Le départ de Cosette (l. 397-527, p. 113-117)

5 Quels sentiments Cosette éprouve-t-elle après la découverte du louis d'or ? Comment s'expliquent-ils ?

6 Pourquoi l'étranger a-t-il avec lui des habits de petite fille ? Pourquoi sont-ils noirs ? Mettez ces détails en relation avec le titre du Livre Troisième.

7 Comment et pourquoi le voyageur inconnu prend-il définitivement le dessus sur l'aubergiste ?

Le Veuf et l'Orpheline l. 528 à 631

Avez-vous bien lu ?

Cosette trouve le taudis « joli », parce qu'elle se sent :

❏ riche ?
❏ libre ?
❏ aimée ?

Premier réveil (l. 528-573, chap. II, p. 118-120)

1 Expliquez et commentez le titre du chapitre 2 : « Nid pour hibou et fauvette ».

2 Quel sentiment naît dans le cœur de Jean Valjean ? Quel geste symbolique fait-il ?

3 Quelles sont les réactions de Cosette à son réveil ? Que révèlent-elles ?

Un bonheur partagé (l. 574-631, chap. III, p. 120-122)

4 Que nous dit le narrateur sur la naissance, les effets et la force de l'amour ? Que suggère l'emploi du verbe *fiança* (l. 613) ?

5 Dans le dernier paragraphe, relevez la phrase qui résume la situation des deux personnages. Commentez l'utilisation des majuscules dans cette phrase.

6 Relevez les références et les allusions à la religion dans le chapitre III. Quelle leçon le narrateur veut-il suggérer ?

Vers l'expression

Vocabulaire

1. Expliquez l'origine étymologique et la formation de l'adjectif *immémorial* (l. 254). Donnez trois mots de la même famille.
2. Sur la racine de *réprimer*, formez trois verbes avec trois préfixes différents et employez-les dans des phrases.
3. Donnez un synonyme de *passait* (l. 93), *causer* (l. 360) et *interdit* (l. 527). Faites ensuite trois phrases avec des homonymes de ces verbes.
4. Quelle différence faites-vous entre *un brave homme* et *un homme brave* ? Donnez trois autres exemples d'adjectifs qui changent de sens en changeant de position dans le groupe nominal.

À vous de jouer

Rédigez un dialogue

Les Thénardier préparent la « carte » de l'étranger, sur laquelle ils ne sont pas tout à fait d'accord. Rédigez la scène, en donnant une grande part au dialogue.

Travail oral

Que nous apprend la lecture des *Misérables* sur la vie quotidienne (nourriture, habillement, logement, éclairage, chauffage, transports, métiers, budgets...) dans les milieux populaires au début du XIXe siècle ? Préparez un exposé sur ce thème en vous répartissant le travail par groupes.

Du texte à l'image

Observez la photographie → voir dossier images p. IV

Photogramme tiré du film *Les Misérables*, de Robert Hossein, 1982, avec Valentine Bordelet (Cosette) et Lino Ventura (Jean Valjean).

1. À quel épisode du récit cette image correspond-elle ? Justifiez votre réponse.
2. Analysez la construction de l'image : combien de plans distinguez-vous ? Comment les personnages sont-ils disposés ? Quel est l'élément central ?
3. Observez le jeu des regards : qui regarde qui ? Avec quelle expression ?
4. Regardez aussi les mains : quel rôle jouent-elles ?
5. D'où vient la lumière ? Expliquez ce choix.
6. Comment appelle-t-on le travail qui consiste à transformer un texte littéraire en film ? Diriez-vous que cette image est « fidèle » au texte que vous avez lu, ou qu'elle s'en éloigne ?
7. Cherchez d'autres images (photogrammes, photos de théâtre, etc.) représentant Cosette avec Jean Valjean, et comparez-les avec celle-ci.

Vers le brevet

Au brevet, l'épreuve de français est sur 40 points.
Première partie
Questions : 15 points
Réécriture : 5 points
Seconde partie
Rédaction : 15 points
Dictée : 5 points

Texte p. 80-81, l. 479 à 501

Questions (15 points)

1. Pour quelles raisons Cosette a-t-elle peur ? Appuyez votre réponse sur des citations. (1 point)
2. « Elle pensait avec angoisse... la battrait » (l. 482 à 484)
   Transposez les pensées de Cosette au discours direct. Vous commencerez par : *Elle se disait* : « ... (2 points)
3. Par quelles précisions le narrateur fait-il comprendre que Cosette est très fatiguée ? (1 point)
4. Donnez la classe grammaticale des différents mots du groupe nominal : « pauvre petit être désespéré » (l. 491). (2 points)
5. **a.** Précisez la formation de *vigoureusement* (l. 495). (1 point)
   b. Quelles sont la classe grammaticale et la fonction de ce mot ? (1 point)
6. « Cet homme, sans dire un mot, ... qu'elle portait » (l. 498-499).
   Quels sont les temps verbaux utilisés dans cette phrase ? Justifiez leur emploi. (2 points)
7. Des lignes 493 à 499, relevez les reprises nominales qui désignent celui qui aide Cosette. À travers les yeux de qui est-il vu ? (2 points)
8. « Il y a des instincts pour toutes les rencontres de la vie » (l. 500) : quel est le temps verbal utilisé ? Donnez sa valeur. (1 point)
9. Quel sentiment Cosette éprouve-t-elle spontanément pour l'homme qui lui porte le seau ? En vous appuyant sur les extraits des *Misérables* que vous avez lus, expliquez l'attitude de l'enfant. (2 points)

Réécriture (5 points)

Réécrivez le texte des lignes 493 à 499 à la 1re personne du singulier.

Rédactions (15 points)

Sujet d'imagination

Racontez une rencontre qui vous a marqué. Vous inclurez dans votre rédaction un portrait physique de la personne et expliquerez pourquoi cette rencontre a eu une telle importance pour vous.

Sujet de réflexion

« Il y a des instincts pour toutes les rencontres de la vie » (l. 500).

Peut-on faire entièrement confiance à son instinct lors d'une rencontre ?

Que convient-il de prendre aussi en compte ?

Vous développerez votre opinion en vous appuyant sur des situations personnelles ou sur des lectures.

Fernand Pelez (1848-1913), *Sans asile ou les Expulsés*, photographie de l'huile sur toile, 1883, Petit-Palais, Paris.

Après la lecture

Genre

Le roman

Thème

Le travail des enfants

Le roman

◆ Les origines du roman

Le roman naît à la fin du XIIe siècle et tire son nom de la langue dans laquelle il est écrit : la langue romane vulgaire, par opposition au latin, langue savante. Les premiers romans sont des récits de chevalerie. Très rapidement, la forme versifiée est abandonnée au profit de la prose. Le roman se distingue du conte et de la nouvelle par sa longueur et par son souci de faire passer pour réelle une histoire imaginaire. C'est au XIXe siècle qu'il acquiert ses lettres de noblesse, avec Balzac, Flaubert, Zola, et bien sûr Victor Hugo.

« *Le roman acquiert ses lettres de noblesse au XIXe siècle.* »

◆ Un roman réaliste…

Le roman fait vivre des personnages dans une époque et un cadre précis et donne une représentation de la société.

Le personnage est un « être de papier », une création du romancier, qui le fait agir, penser, parler en créant un effet de réel et en permettant au lecteur de s'identifier à lui. Il exprime souvent des valeurs que l'auteur veut défendre ou dénoncer. Ainsi le personnage principal des *Misérables*, Jean Valjean, incarne la bonté et la justice sociale, Cosette, l'innocence martyrisée, alors que Javert est l'image de la loi sociale aveugle et du mal.

« En 1815 », tels sont les premiers mots des *Misérables*. V. Hugo ancre, dès le début, son roman dans une époque donnée, identifiée par une date. Les événements racontés se déroulent ensuite jusqu'en 1833. Le roman se caractérise aussi par un cadre spatial souvent évoqué avec précision : Montfermeil pour l'auberge des Thénardier, Montreuil-sur-mer pour M. Madeleine et Fantine.

Enfin, au XIXe siècle, le roman se veut un miroir de la société. La lecture des

Misérables permet de pénétrer dans différentes couches sociales : les milieux ouvrier (Fantine) et bourgeois (M. Madeleine), le petit commerce (les Thénardier). La fiction inventée par V. Hugo se joue sur une toile de fond réaliste, celle de la France et du Paris pauvres du début du XIXe siècle.

◆ … mais aussi social et épique

Victor Hugo a fait de son roman un plaidoyer pour une plus grande justice sociale en dénonçant la pauvreté et ses conséquences. « Tant qu'il y aura sur la terre ignorance et misère, des livres de la nature de celui-ci pourront ne pas être inutiles. », écrit-il au début de son roman. Toute sa vie, il lutte pour l'instruction, la disparition de la pauvreté et le respect de l'individu par l'abolition de la peine de mort. *Les Misérables* participe pleinement du rôle politique que son créateur entend jouer pour rendre meilleure la société de son temps.

Mais, sous la plume de V. Hugo, le roman social prend souvent une dimension épique, par l'évocation des combats de l'âme, en particulier la « tempête sous un crâne » : soit M. Madeleine laisse condamner un innocent, reste le maire et le bienfaiteur de Montreuil-sur-mer, soit il révèle sa véritable identité, Jean Valjean, et retourne au bagne. C'est bien la lutte sans fin du bien contre le mal qui s'incarne dans le héros du roman.

> « *Une lutte sans fin du bien contre le mal.* »

Les Misérables est un roman aux multiples facettes, à l'image même du genre auquel il appartient. Son auteur en était fier : « Ma conviction est que ce livre sera un des principaux sommets, sinon le principal, de mon œuvre », écrivait-il en 1862. Le nombre des éditions en différentes langues, le succès de l'œuvre maintes fois adaptée au cinéma, la célébrité des personnages ont donné raison à Victor Hugo. ■

Thème

Le travail des enfants

Chez les Thénardier, Cosette est une esclave qui travaille du matin au soir sans être payée. Son sort est particulièrement tragique. Mais au XIXe siècle, de nombreux enfants travaillent, pour un salaire très bas. Vers 1850, on estime qu'il y avait 144 000 enfants-travailleurs dans la grande industrie dont 93 000 dans le seul secteur du textile pour une main-d'œuvre totale de 1 055 000 ouvriers. Malheureusement, le travail des enfants existe encore dans certains pays.

> *« 1834 : 14 heures de travail par jour. »*

◆ Avant le XIXe siècle

Dans les familles de paysans ou d'artisans, les enfants travaillent dès l'âge de quatre ou cinq ans, pour aider aux travaux des champs ou apprendre un métier. Dans les familles nombreuses et pauvres, ils sont placés chez des fermiers ou des patrons et leur salaire aide à nourrir la maisonnée.

◆ La révolution industrielle

Au XIXe siècle, l'industrie se développe et les enfants sont engagés comme ouvriers dès 6 ans. Dans les usines textiles, leur petite taille leur permet de se faufiler sous les métiers à tisser pour nouer les fils. Dans les mines aux galeries étroites, ils poussent des wagonnets de charbon.

Les conditions sont très pénibles ; en 1834, à Roubaix, la durée moyenne d'une journée de travail est de 14 heures 30 (de 5 h 30-6 h du matin à 20 h ou 21 h), pour les enfants à partir de 6 ans comme pour les adultes. Les accidents sont très nombreux. Ainsi, le préfet de la Meurthe raconte, en 1860, l'histoire du jeune Mouchette dont la blouse s'est prise dans un métier à tisser : « il perdit connaissance et ses jambes allèrent heurter contre les métiers voisins qui les brisèrent en plusieurs endroits. »

De plus, les enfants sont payés deux à trois fois moins que les adultes : vers 1835, le salaire moyen d'un homme était de 2 francs par jour, celui d'une femme de 1 franc, celui d'un enfant de 12 à 16 ans de 0,75 franc, celui d'un enfant de 8 à 12 ans de 0,45 franc (soit 6 centimes d'euro environ, prix d'un kilo de pain à cette époque).

Victor Hugo dénonce cette exploitation des enfants dans un poème célèbre « Melancholia » : « Travail mauvais qui prend l'âge tendre en sa serre // Qui produit la richesse en créant la misère // Qui se sert d'un enfant ainsi que d'un outil ! » Une réglementation commence à se mettre en place à partir de 1840 en France.

◆ Les lois sur le travail des enfants

D'après la loi de 1841, le travail est interdit avant huit ans ; entre 8 et 10 ans, il ne peut excéder 8 h par jour, entre 12 et 16 ans, 12 h. En 1878, une nouvelle loi fixe à 12 ans l'âge minimum pour être embauché. Les lois Ferry de 1881-1882 accélèrent l'évolution : l'école devient obligatoire et gratuite. Il faut attendre 1967 pour que la scolarité obligatoire soit portée à 16 ans. Le 20 novembre 1989, l'ONU adopte la Convention internationale des droits de l'enfant, ratifiée depuis par 192 États qui s'engagent à respecter le droit à l'éducation (article 28), le droit à la protection contre l'exploitation (article 32).

« 1967 : scolarité obligatoire jusqu'à 16 ans. »

◆ Et au XXIe siècle ?

L'UNICEF estime qu'il y a encore 158 millions d'enfants de moins de 15 ans qui travaillent dans le monde et qui continuent d'être exploités dans des conditions dangereuses, s'épuisant dans des mines, maniant des produits chimiques et des pesticides dans le secteur de l'agriculture, manipulant des outils dangereux ou travaillant comme employés de maison.

Un des objectifs de l'UNICEF vise à s'assurer que, d'ici 2015, tous les enfants achèveront un cycle complet d'enseignement primaire et que les filles comme les garçons disposeront des mêmes chances de recevoir une éducation. Ce pari sera-t-il tenu ? Espérons-le. ■

Illustration pour une édition
du *Papa de Simon* (XIXe siècle).

Autre lecture

Guy de Maupassant

Le Papa de Simon

1879

Texte intégral

Découvrez la vie d'un autre enfant...

Qui est Guy de Maupassant ?

Guy de Maupassant (1850-1893)

Guy de Maupassant a écrit plus de trois cents nouvelles publiées dans des journaux. Ces courtes histoires mettent en scène toutes les classes sociales, à Paris et en Normandie. Elles ont une tonalité réaliste, mais sont souvent marquées par une certaine noirceur.

Autre lecture

Midi finissait de sonner. La porte de l'école s'ouvrit, et les gamins se précipitèrent en se bousculant pour sortir plus vite. Mais au lieu de se disperser rapidement et de rentrer dîner, comme ils le faisaient chaque jour, ils s'arrêtèrent à quelques pas, se réunirent par groupes et se mirent à chuchoter.

C'est que, ce matin-là, Simon, le fils de la Blanchotte, était venu à la classe pour la première fois.

Tous avaient entendu parler de la Blanchotte dans leurs familles ; et quoiqu'on lui fît bon accueil en public, les mères la traitaient entre elles avec une sorte de compassion[1] un peu méprisante qui avait gagné les enfants sans qu'ils sussent du tout pourquoi.

Quant à Simon, ils ne le connaissaient pas, car il ne sortait jamais et il ne galopinait[2] point avec eux dans les rues du village ou sur les bords de la rivière. Aussi ne l'aimaient-ils guère ; et c'était avec une certaine joie, mêlée d'un étonnement considérable, qu'ils avaient accueilli et qu'ils s'étaient répété l'un à l'autre cette parole dite par un gars de quatorze ou quinze ans qui paraissait en savoir long tant il clignait finement des yeux : « Vous savez... Simon... eh bien, il n'a pas de papa. »

Le fils de la Blanchotte parut à son tour sur le seuil de l'école.

Il avait sept ou huit ans. Il était un peu pâlot, très propre, avec l'air timide, presque gauche[3].

Il s'en retournait chez sa mère quand les groupes de ses camarades, chuchotant toujours et le regardant avec les yeux malins et cruels des enfants qui méditent[4] un mauvais coup, l'entourèrent peu à peu et finirent par l'enfermer tout à fait. Il restait là, planté au milieu d'eux, surpris

1. Pitié.
2. Courait les rues, comme un galopin, un polisson.
3. Maladroit.
4. Préparent.

Autre lecture

et embarrassé, sans comprendre ce qu'on allait lui faire. Mais le gars qui avait apporté la nouvelle, enorgueilli[1] du succès obtenu déjà, lui demanda : « Comment t'appelles-tu, toi ? »

Il répondit : « Simon.

– Simon quoi ? » reprit l'autre.

L'enfant répéta tout confus : « Simon. »

Le gars lui cria : « On s'appelle Simon quelque chose... c'est pas un nom ça... Simon. »

Et lui, prêt à pleurer, répondit pour la troisième fois : « Je m'appelle Simon. »

Les galopins[2] se mirent à rire. Le gars triomphant éleva la voix : « Vous voyez bien qu'il n'a pas de papa. »

Un grand silence se fit. Les enfants étaient stupéfaits par cette chose extraordinaire, impossible, monstrueuse, un garçon qui n'a pas de papa ; ils le regardaient comme un phénomène, un être hors de la nature, et ils sentaient grandir en eux ce mépris, inexpliqué jusque-là, de leurs mères pour la Blanchotte.

Quant à Simon, il s'était appuyé contre un arbre pour ne pas tomber ; et il restait comme atterré[3] par un désastre irréparable[4]. Il cherchait à s'expliquer. Mais il ne pouvait rien trouver pour leur répondre, et démentir[5] cette chose affreuse qu'il n'avait pas de papa. Enfin, livide, il leur cria à tout hasard :

« Si, j'en ai un.

– Où est-il ? » demanda le gars.

Simon se tut ; il ne savait pas. Les enfants riaient, très excités ; et ces fils des champs, plus proches des bêtes, éprouvaient ce besoin cruel qui pousse les poules d'une basse-cour à achever l'une d'entre elles aussitôt qu'elle

1. Très fier.
2. Voir note 2, p. 139
3. Épouvanté.
4. Qui ne peut être réparé.
5. Dire que ce n'était pas vrai.

est blessée. Simon avisa tout à coup un petit voisin, le fils d'une veuve, qu'il avait toujours vu, comme lui-même, tout seul avec sa mère.

« Et toi non plus, dit-il, tu n'as pas de papa.

– Si, répondit l'autre, j'en ai un.

– Où est-il ? riposta Simon.

– Il est mort, déclara l'enfant avec une fierté superbe, il est au cimetière, mon papa. »

Un murmure d'approbation[6] courut parmi les garnements, comme si ce fait d'avoir son père mort au cimetière eût grandi leur camarade pour écraser cet autre qui n'en avait point du tout. Et ces polissons, dont les pères étaient, pour la plupart, méchants, ivrognes, voleurs et durs à leurs femmes, se bousculaient en se serrant de plus en plus, comme si eux, les légitimes[7], eussent voulu étouffer dans une pression celui qui était hors la loi.

L'un, tout à coup, qui se trouvait contre Simon, lui tira la langue d'un air narquois[8] et lui cria :

« Pas de papa ! pas de papa ! »

Simon le saisit à deux mains aux cheveux et se mit à lui cribler[9] les jambes de coups de pieds, pendant qu'il lui mordait la joue cruellement. Il se fit une bousculade énorme. Les deux combattants furent séparés, et Simon se trouva frappé, déchiré, meurtri[10], roulé par terre, au milieu du cercle des galopins qui applaudissaient. Comme il se relevait, en nettoyant machinalement avec sa main sa petite blouse toute sale de poussière, quelqu'un lui cria : « Va le dire à ton papa. »

Alors il sentit dans son cœur un grand écroulement. Ils étaient plus forts que lui, ils l'avaient battu, et il ne pouvait point leur répondre, car il sentait bien que c'était vrai

6. Confirmation de l'information.
7. Enfants avec père connu.
8. Moqueur.
9. Marteler.
10. Blessé.

qu'il n'avait pas de papa. Plein d'orgueil, il essaya pendant quelques secondes de lutter contre les larmes qui l'étranglaient. Il eut une suffocation, puis, sans cris, il se mit à pleurer par grands sanglots qui le secouaient précipitamment[1].

Alors une joie féroce éclata chez ses ennemis, et naturellement, ainsi que les sauvages dans leurs gaietés terribles, ils se prirent par la main et se mirent à danser en rond autour de lui, en répétant comme un refrain : « Pas de papa ! pas de papa ! »

Mais Simon tout à coup cessa de sangloter. Une rage l'affola. Il y avait des pierres sous ses pieds ; il les ramassa et, de toutes ses forces, les lança contre ses bourreaux. Deux ou trois furent atteints et se sauvèrent en criant ; et il avait l'air tellement formidable[2] qu'une panique eut lieu parmi les autres. Lâches, comme l'est toujours la foule devant un homme exaspéré[3], ils se débandèrent[4] et s'enfuirent.

Resté seul, le petit enfant sans père se mit à courir vers les champs, car un souvenir lui était venu qui avait amené dans son esprit une grande résolution[5]. Il voulait se noyer dans la rivière.

Il se rappelait en effet que, huit jours auparavant, un pauvre diable qui mendiait sa vie s'était jeté dans l'eau parce qu'il n'avait plus d'argent. Simon était là lorsqu'on le repêchait ; et le triste bonhomme, qui lui semblait ordinairement lamentable, malpropre et laid, l'avait alors frappé par son air tranquille, avec ses joues pâles, sa longue barbe mouillée et ses yeux ouverts, très calmes. On avait dit alentour[6] : « Il est mort. » Quelqu'un avait ajouté : « Il est bien heureux maintenant. » Et Simon voulait aussi se noyer parce qu'il n'avait pas de père, comme ce misérable qui n'avait pas d'argent.

1. De façon répétée.
2. Redoutable.
3. Hors de lui.
4. Se séparèrent.
5. Décision.
6. Autour de lui.

Il arriva tout près de l'eau et la regarda couler. Quelques poissons folâtraient[7], rapides, dans le courant clair, et, par moments, faisaient un petit bond et happaient[8] des mouches voltigeant à la surface. Il cessa de pleurer pour les voir, car leur manège l'intéressait beaucoup. Mais, parfois, comme dans les accalmies d'une tempête passent tout à coup de grandes rafales de vent qui font craquer les arbres et se perdent à l'horizon, cette pensée lui revenait avec une douleur aiguë : « Je vais me noyer parce que je n'ai point de papa. »

Il faisait très chaud, très bon. Le doux soleil chauffait l'herbe. L'eau brillait comme un miroir. Et Simon avait des minutes de béatitude[9], de cet alanguissement[10] qui suit les larmes, où il lui venait de grandes envies de s'endormir là, sur l'herbe, dans la chaleur.

Une petite grenouille verte sauta sous ses pieds. Il essaya de la prendre. Elle lui échappa. Il la poursuivit et la manqua trois fois de suite. Enfin il la saisit par l'extrémité de ses pattes de derrière et il se mit à rire en voyant les efforts que faisait la bête pour s'échapper. Elle se ramassait sur ses grandes jambes, puis, d'une détente brusque, les allongeait subitement, roides[11] comme deux barres ; tandis que, l'œil tout rond avec son cercle d'or, elle battait l'air de ses pattes de devant qui s'agitaient comme des mains. Cela lui rappela un joujou fait avec d'étroites planchettes de bois clouées en zigzag les unes sur les autres, qui, par un mouvement semblable, conduisaient l'exercice de petits soldats piqués dessus. Alors, il pensa à sa maison, puis à sa mère, et, pris d'une grande tristesse, il recommença à pleurer. Des frissons lui passaient dans les membres ; il se mit à genoux et récita sa prière comme avant de s'endormir. Mais il ne

7. Allaient ici et là.
8. Attrapaient.
9. Bonheur.
10. Faiblesse.
11. Raides.

put l'achever[1], car des sanglots lui revinrent si pressés, si tumultueux, qu'ils l'envahirent tout entier. Il ne pensait plus ; il ne voyait plus rien autour de lui et il n'était occupé qu'à pleurer.

Soudain, une lourde main s'appuya sur son épaule et une grosse voix lui demanda : « Qu'est-ce qui te fait donc tant de chagrin, mon bonhomme ? »

Simon se retourna. Un grand ouvrier qui avait une barbe et des cheveux noirs tout frisés le regardait d'un air bon. Il répondit avec des larmes plein les yeux et plein la gorge :

« Ils m'ont battu… parce que… je… je… n'ai pas… de papa… pas de papa…

– Comment, dit l'homme en souriant, mais tout le monde en a un. »

L'enfant reprit péniblement au milieu des spasmes[2] de son chagrin : « Moi… moi… je n'en ai pas. »

Alors l'ouvrier devint grave ; il avait reconnu le fils de la Blanchotte, et, quoique nouveau dans le pays, il savait vaguement son histoire.

« Allons, dit-il, console-toi, mon garçon, et viens-t'en avec moi chez ta maman. On t'en donnera… un papa. »

Ils se mirent en route, le grand tenant le petit par la main, et l'homme souriait de nouveau, car il n'était pas fâché de voir cette Blanchotte, qui était, contait-on, une des plus belles filles du pays ; et il se disait peut-être, au fond de sa pensée, qu'une jeunesse[3] qui avait failli[4] pouvait bien faillir encore.

Ils arrivèrent devant une petite maison blanche, très propre.

« C'est là », dit l'enfant, et il cria : « Maman ! »

Une femme se montra, et l'ouvrier cessa[5] brusquement de sourire, car il comprit tout de suite qu'on ne badinait[6]

1. La terminer.
2. Convulsions.
3. Jeune femme.
4. Avait eu des relations avec un homme.
5. Arrêta.
6. Plaisantait.

plus avec cette grande fille pâle qui restait sévère sur sa porte, comme pour défendre à un homme le seuil de cette maison où elle avait été déjà trahie par un autre. Intimidé et sa casquette à la main, il balbutia[7] :

« Tenez, madame, je vous ramène votre petit garçon qui s'était perdu près de la rivière. »

Mais Simon sauta au cou de sa mère et lui dit en se remettant à pleurer :

« Non, maman, j'ai voulu me noyer, parce que les autres m'ont battu… m'ont battu… parce que je n'ai pas de papa. »

Une rougeur cuisante couvrit les joues de la jeune femme, et, meurtrie jusqu'au fond de sa chair, elle embrassa son enfant avec violence pendant que des larmes rapides lui coulaient sur la figure. L'homme ému restait là, ne sachant comment partir. Mais Simon soudain courut vers lui et lui dit :

« Voulez-vous être mon papa ? »

Un grand silence se fit. La Blanchotte, muette et torturée de honte, s'appuyait contre le mur, les deux mains sur son cœur. L'enfant, voyant qu'on ne lui répondait point, reprit :

« Si vous ne voulez pas, je retournerai me noyer. »

L'ouvrier prit la chose en plaisanterie et répondit en riant ;

« Mais oui, je veux bien.
– Comment est-ce que tu t'appelles, demanda alors l'enfant, pour que je réponde aux autres quand ils voudront savoir ton nom ?
– Philippe », répondit l'homme.

Simon se tut une seconde pour bien faire entrer ce nom-là dans sa tête, puis il tendit les bras, tout consolé, en disant :

« Eh bien ! Philippe, tu es mon papa. »

La Blanchotte.

7. Bafouilla.

L'ouvrier, l'enlevant de terre, l'embrassa brusquement sur les deux joues, puis il s'enfuit très vite à grandes enjambées[1].

Quand l'enfant entra dans l'école, le lendemain, un rire méchant l'accueillit; et à la sortie, lorsque le gars voulu recommencer, Simon lui jeta ces mots à la tête, comme il aurait fait d'une pierre : « Il s'appelle Philippe, mon papa. »

Des hurlements de joie jaillirent de tous les côtés :

« Philippe qui?... Philippe quoi?... Qu'est-ce que c'est que ça, Philippe?... Où l'as-tu pris, ton Philippe? »

Simon ne répondit rien; et, inébranlable dans sa foi[2], il les défiait de l'œil, prêt à se laisser martyriser[3] plutôt que de fuir devant eux. Le maître d'école le délivra et il retourna chez sa mère.

Pendant trois mois, le grand ouvrier Philippe passa souvent auprès de la maison de la Blanchotte et, quelquefois, il s'enhardissait à[4] lui parler lorsqu'il la voyait cousant auprès de sa fenêtre. Elle lui répondait poliment, toujours grave, sans rire jamais avec lui, et sans le laisser entrer chez elle. Cependant, un peu fat[5], comme tous les hommes, il s'imagina qu'elle était souvent plus rouge que de coutume[6] lorsqu'elle causait avec lui.

Mais une réputation tombée est si pénible à refaire et demeure toujours si fragile, que, malgré la réserve[7] ombrageuse[8] de la Blanchotte, on jasait[9] déjà dans le pays.

Quant à Simon, il aimait beaucoup son nouveau papa et se promenait avec lui presque tous les soirs, la journée finie. Il allait assidûment[10] à l'école et passait au milieu de ses camarades fort digne, sans leur répondre jamais.

Un jour, pourtant, le gars qui l'avait attaqué le premier lui dit :

1. Très grands pas.
2. Sûr de lui.
3. Torturer.
4. Osait.
5. Content de lui.
6. D'habitude.
7. Discrétion.
8. Méfiante.
9. Disait du mal d'elle.
10. Tous les jours.

« Tu as menti, tu n'as pas un papa qui s'appelle Philippe.
– Pourquoi ça ? » demanda Simon très ému.

Le gars se frottait les mains. Il reprit :

« Parce que si tu en avais un, il serait le mari de ta maman. »

Simon se troubla devant la justesse de ce raisonnement, néanmoins il répondit : « C'est mon papa tout de même.
– Ça se peut bien, dit le gars en ricanant[11], mais ce n'est pas ton papa tout à fait. »

Le petit à la Blanchotte courba la tête et s'en alla rêveur du côté de la forge au père Loizon, où travaillait Philippe.

Cette forge était comme ensevelie[12] sous des arbres. Il y faisait très sombre ; seule, la lueur rouge d'un foyer formidable éclairait par grands reflets cinq forgerons aux bras nus qui frappaient sur leurs enclumes[13] avec un terrible fracas. Ils se tenaient debout, enflammés comme des démons, les yeux fixés sur le fer ardent qu'ils torturaient ; et leur lourde pensée montait et retombait avec leurs marteaux.

Simon entra sans être vu et alla tout doucement tirer son ami par la manche. Celui-ci se retourna. Soudain le travail s'interrompit[14], et tous les hommes regardèrent, très attentifs. Alors, au milieu de ce silence inaccoutumé, monta la petite voix frêle[15] de Simon.

« Dis donc, Philippe, le gars à la Michaude qui m'a conté tout à l'heure que tu n'étais pas mon papa tout à fait.
– Pourquoi ça ? » demanda l'ouvrier.

L'enfant répondit avec toute sa naïveté :

« Parce que tu n'es pas le mari de maman. »

Personne ne rit. Philippe resta debout, appuyant son front sur le dos de ses grosses mains que supportait le manche de son marteau dressé sur l'enclume. Il rêvait. Ses quatre com-

11. Se moquant méchamment.
12. Enterrée.
13. Masses de fer sur lesquelles on bat le fer chaud.
14. S'arrêta.
15. Claire.

pagnons le regardaient et, tout petit entre ces géants, Simon, anxieux, attendait. Tout à coup, un des forgerons, répondant à la pensée de tous, dit à Philippe :

« C'est tout de même une bonne et brave fille que la Blanchotte, et vaillante[1] et rangée[2] malgré son malheur[3], et qui serait une digne femme pour un honnête homme.

– Ça, c'est vrai », dirent les trois autres.

L'ouvrier continua :

« Est-ce sa faute, à cette fille, si elle a failli ? On lui avait promis mariage, et j'en connais plus d'une qu'on respecte bien aujourd'hui et qui en a fait tout autant.

– Ça, c'est vrai », répondirent en chœur[4] les trois hommes.

Il reprit : « Ce qu'elle a peiné, la pauvre, pour élever son gars toute seule, et ce qu'elle a pleuré depuis qu'elle ne sort plus que pour aller à l'église, il n'y a que le bon Dieu qui le sait.

– C'est encore vrai », dirent les autres.

Alors on n'entendit plus que le soufflet[5] qui activait le feu du foyer. Philippe, brusquement, se pencha vers Simon :

« Va dire à ta maman que j'irai lui parler ce soir. »

Puis il poussa l'enfant dehors par les épaules.

Il revint à son travail et, d'un seul coup, les cinq marteaux retombèrent ensemble sur les enclumes. Ils battirent ainsi le fer jusqu'à la nuit, forts, puissants, joyeux comme des marteaux satisfaits. Mais, de même que le bourdon[6] d'une cathédrale résonne dans les jours de fête au-dessus du tintement des autres cloches, ainsi le marteau de Philippe, dominant le fracas des autres, s'abattait de seconde en seconde avec un vacarme assourdissant. Et lui, l'œil allumé, forgeait passionnément, debout dans les étincelles.

1. Courageuse.
2. Sage.
3. Le fait d'avoir eu un enfant hors mariage.
4. Tous ensemble.
5. Instrument qui souffle de l'air pour attiser le feu.
6. La grosse cloche.

Le ciel était plein d'étoiles quand il vint frapper à la porte de la Blanchotte. Il avait sa blouse des dimanches, une chemise fraîche et la barbe faite. La jeune femme se montra sur le seuil et lui dit d'un air peiné[7] : « C'est mal de venir ainsi la nuit tombée, monsieur Philippe. »

Il voulut répondre, balbutia et resta confus[8] devant elle.

Elle reprit : « Vous comprenez bien pourtant qu'il ne faut plus que l'on parle de moi. »

Alors, lui, tout à coup :

« Qu'est-ce que ça fait, dit-il, si vous voulez être ma femme ! »

Aucune voix ne lui répondit, mais il crut entendre dans l'ombre de la chambre le bruit d'un corps qui s'affaissait[9]. Il entra bien vite ; et Simon, qui était couché dans son lit, distingua le son d'un baiser et quelques mots que sa mère murmurait bien bas. Puis, tout à coup, il se sentit enlevé dans les mains de son ami, et celui-ci, le tenant au bout de ses bras d'hercule[10], lui cria :

« Tu leur diras, à tes camarades, que ton papa c'est Philippe Remy, le forgeron, et qu'il ira tirer les oreilles à tous ceux qui te feront du mal. »

Le lendemain, comme l'école était pleine et que la classe allait commencer, le petit Simon se leva, tout pâle et les lèvres tremblantes : « Mon papa, dit-il d'une voix claire, c'est Philippe Remy, le forgeron, et il a promis qu'il tirerait les oreilles à tous ceux qui me feraient du mal. »

Cette fois, personne ne rit plus, car on le connaissait bien ce Philippe Remy, le forgeron, et c'était un papa, celui-là, dont tout le monde eût été fier.

Simon et son papa.

7. Triste.
8. Gêné.
9. Tombait.
10. Personne d'une très grande force physique.

À lire

D'autres romans de Victor Hugo

Notre-Dame de Paris, 1831
Ce roman historique vous fera découvrir Paris sous Louis XI à travers le destin d'Esmeralda, la belle bohémienne et de Quasimodo, le monstre bossu qui sonne les cloches de Notre-Dame.

Claude Gueux, 1834
Un ouvrier vole pour survivre. Arrêté et envoyé en prison, il est poursuivi par la haine du directeur qui s'acharne à le brimer. Jusqu'à quel point le prisonnier tiendra-t-il ?

Les Travailleurs de la mer, 1866
Victor Hugo écrit ce roman alors qu'il est en exil à Guernesey. Il le dédie aux habitants de l'île, « noble petit peuple de la mer », dont il décrit le dur labeur à travers la figure de Gilliatt, le pêcheur au cœur pur et droit.

Quatrevingt-treize, 1874
Dans ce dernier roman, Victor Hugo évoque les années les plus terribles de la Révolution française : la Terreur.

Sur l'enfance malheureuse au XIXe siècle

Hector Malot, _Sans famille_, 1878
Rémi est un enfant trouvé qui parcourt le pays à la recherche de sa famille. Il fait la rencontre de Vitalis, un musicien ambulant...

Jules Vallès, _L'Enfant_, 1879
Ce roman largement autobiographique raconte l'enfance de Jacques Vingtras, livré à la méchanceté d'une mère possessive et cruelle.

- **Jules Renard**, ***Poil de carotte***, 1894
L'enfance terrible d'un jeune garçon rejeté par sa mère et maltraité par sa famille. Une seule exception : son père, mais il est très faible face à sa femme.

À voir

Films

Le roman *Les Misérables* a eu plus de 40 adaptations pour le cinéma ou la télévision, entre 1907 et 2012. Citons les plus célèbres :

- La trilogie de **Raymond Bernard, 1934** (premier film : *Une tempête sous un crâne*, deuxième film : *Les Thénardier*, troisième film : *Liberté, liberté chérie*) avec Harry Baur en Jean Valjean et Charles Vanel en Javert.
- le film de **Jean-Paul Le Chanois, 1958** avec Jean Gabin, Bourvil et Bernard Blier.
- le film de **Robert Hossein, 1982** avec Lino Ventura et Michel Bouquet.
- le film de **Claude Lelouch, 1995** avec Jean-Paul Belmondo.
- le téléfilm de **Josée Dayan, 2000** avec Gérard Depardieu en Jean Valjean, John Malkovich en Javert, Christian Clavier en Thénardier et Charlotte Gainsbourg en Fantine.
- le plus récent, le film de **Tom Hooper, 2012**, avec Hugh Jackman et Russell Crowe.

Comédie musicale

Les Misérables a été monté en comédie musicale en 1980, au Palais des Sports de Paris et il continue à tourner sur les scènes internationales. La musique est de Claude-Michel Schönberg et le livret d'Alain Boublil et Jean-Marc Natel, dans une mise en scène de Robert Hossein.

TABLE DES ILLUSTRATIONS

Conception graphique : Julie Lannes
Design de couverture : Denis Hoch
Recherche iconographique : Claire Balladur
Mise en page : ScienTech Livre
Édition : Valérie Antoni
Fabrication : Jacques Lannoy

N° d'éditeur : 10200496- Dépôt légal : Novembre 2013
Imprimé en France par I.M.E. - 25110 Baume-les-Dames